Wir stricken und häkeln
für Kinder

freizeit
ht

Sind sie nicht süß, die beiden Kleinen in ihren lustig bunten Jacken?
Ob Sie lieber stricken oder häkeln – beide Modelle sind ganz leicht nachzuarbeiten! Wie, das erfahren Sie auf den Seiten 45 und 47.

Wir stricken und häkeln für Kinder

Von Gisela Schinzel

Humboldt-Taschenbuchverlag

humboldt-taschenbuch 542

Umschlaggestaltung: Christa Manner, München
Umschlagfoto: Schoeller Eitorf AG, Eitorf; Beschreibung der Modelle siehe Seiten 33 und 37.
Farbfotos für Farbtafeln I – VIII: Schoeller Eitorf AG, Eitorf
Schwarzweißfotos: Heinz Schinzel, München; Horst Schlösser (Seite 67)
Zeichnungen: Autorin und Schoeller Eitorf AG
Modellbeschreibungen: Autorin und Schoeller Eitorf AG

Autorin und Verlag danken Schoeller Eitorf AG, Herstellungsfirma der Markengarne Schoeller Wolle und Esslinger Wolle, für die freundliche Unterstützung.

Hinweise für den Leser:

Alle Angaben entsprechen dem Stand von 1986 und wurden von Autorin und Verlag sorgfältig geprüft. Dennoch kann eine Gewähr für die Richtigkeit der Angaben nicht übernommen werden.

Zeichenerklärung:

S = Strickmodell

H = Häkelmodell

© 1986 by Humboldt-Taschenbuchverlag Jacobi KG, München
Druck: Presse-Druck Augsburg
Printed in Germany
ISBN 3-581-66542-5

Inhalt

Einleitung

Handarbeiten macht Spaß und läßt Raum für schöpferische Ideen. Was ihre Großmütter schon lange wissen, entdecken die jungen Frauen heute wieder neu. So kommt es, daß nicht nur die Omas, sondern immer öfter auch die Mütter selbst wieder zu Häkel- oder Stricknadeln greifen und ebenso bezaubernde wie praktische Gegenstände für ihre kleinen Lieblinge anfertigen.

In meinem Buch stelle ich Ihnen eine Auswahl von gestrickten oder gehäkelten Kindersachen in verschiedenen Größen – vom Neugeborenen bis hin zum Jugendlichen – vor. Die genauen Musteranleitungen dazu sollen es Ihnen leicht machen, die Modelle nachzuarbeiten. Selbstverständlich setzen wir Grundkenntnisse sowohl der Strick- als auch der Häkeltechnik voraus. Wer diese noch nicht besitzt oder sie wieder vergessen hat, wird durch Bände für Anfänger, erschienen in der gleichen Taschenbuchreihe*, bestens eingeführt.

Die meisten von Ihnen dürften erste Strick-Erfahrungen mitbringen und mit den hier beschriebenen Anleitungen gut zurechtkommen. Sollte Ihnen ein bestimmtes Modell ganz besonders gefallen, die Anleitung dazu jedoch in einer anderen Größe angegeben sein, als Sie sie für Ihr Kind brauchen, so müssen Sie dennoch nicht auf Ihre Wahl verzichten. Lesen Sie in diesem Fall das Kapitel »Abändern und Neuberechnung der Schnittgröße« genau durch. Mit etwas Geschick sind Sie sicher in der Lage, Schnitt und Musterangabe auf die gewünschten Maße hin abzustimmen.

Es bedarf kaum der Erwähnung, daß Sie bei den Stickereien oder anderen Verzierungen Ihrem persönlichen Geschmack freien Lauf lassen und so einen individuellen Gegenstand herstellen können, auch wenn Sie sich größtenteils an die Anleitungen halten.

Nach diesen kurzen Vorbemerkungen wünsche ich Ihnen viel Freude bei der Arbeit und ein gutes Gelingen.

---

* Wir empfehlen ht 314, Häkeln; ht 315, Stricken; ht 492, Die schönsten Strickmuster, und ht 521, Die schönsten Häkelmuster, alle Humboldt-Taschenbuchverlag, München.

Einige Überlegungen
vor Beginn der Arbeit

Sie sind unbedingt notwendig, wenn man später einen Erfolg seiner Mühe sehen will. Handwerkszeug und Garnmaterial spielen dabei eine entscheidende Rolle.

Das Handwerkszeug

muß zweckmäßig und von guter Qualität sein, will man nicht bald die Freude an der Handarbeit verlieren. Eine angerauhte Häkel- oder Stricknadel beispielsweise, an der das Garn ständig hängenbleibt, dämpft die anfängliche Begeisterung für das Werkstück ebenso rasch wie falsch gewählte Stärke oder Länge der verwendeten Nadeln, durch welche eine Handarbeit, statt der Entspannung zu dienen, zur Mühe wird.

Häkel- oder Stricknadeln bewähren sich nur bei völlig glatter Oberfläche, über welche die Maschen leicht gleiten können. Sie sollen nicht blenden, rostfrei und weitgehend bruchfest sein und leicht abgerundete Spitzen haben, so daß das Garn nicht aufgespießt oder, bei Häkelnadeln, durch das Häkchen zerrissen wird. Es gibt Nadeln aus Metall, Horn, Holz oder Plastik. Die mit einer perlgrauen Oberflächenschicht überzogenen, aus einer sehr harten Aluminiumlegierung bestehenden Nadeln sind als Spezialnadeln für rheumaempfindliche Hände entwickelt worden, weil sie sich wärmer als kalte Stahlnadeln anfühlen und somit die Kältereize für die Hände ausschalten. Sie erfreuen sich heute aber bei allen, die handarbeiten, der größten Beliebtheit. Denn sie schonen auch die Augen, weil die perlgraue Oberfläche nicht, wie die der glatten Stahlnadeln, das Licht reflektiert.

Stricknadeln

gibt es in den Stärken 1,25 bis 25 mm, von 20,35 und 40 cm Länge. Auf oder unmittelbar vor dem Bremsknopf, der das Herabfallen der Maschen verhindern soll, ist die Stärkennummer angegeben.

Schnellstricknadeln

sind meist 30 cm lang, haben die entsprechende Stärke nur im vorderen Teil der Nadel, verjüngen sich dann, so daß der rückwärtige Nadelteil zum Bremsknopf hin wesentlich dünner ist. Dadurch wird das Eigengewicht der Nadeln verringert, und die Maschen gleiten beim Stricken fast von selbst weiter, ohne daß man viel schieben muß. Dadurch kann man schneller stricken.

Nadelspiel

Es besteht jeweils aus fünf gleich langen und gleich starken Nadeln, die an beiden Enden abgerundete Spitzen haben. Man braucht sie zum Rundstricken von Mützen, Handschuhen, Strümpfen, Krägen und ähnlichem.

Nadelschoner oder -köcher

dienen als Aufbewahrungsbehälter für Nadelspiele. Es handelt sich um zwei Metallhülsen, die durch ein elastisches Gummiband verbunden sind. Die Metallhülsen werden über die Spitzen der 5 Nadeln gestülpt und durch das Band zusammengehalten.

Rundstricknadeln

werden vor allem bei Handarbeiten mit hoher Maschenzahl eingesetzt. Es kann gleichermaßen in der Runde wie in hin- und hergehenden Reihen gestrickt werden.

Jetnadeln

werden für Stricksachen aus besonders dicker Wolle oder für Handarbeiten mit sehr lockerem Maschenbild benötigt. Weil sie einen so großen Durchmesser haben (ab 10 mm), sind sie meist aus Plastik, um ihr Eigengewicht in Grenzen zu halten.

Maschenraffer

Er macht sich für das Stillegen von Maschen (z. B. beim Stricken von Fingern bei Fingerhandschuhen) nützlich. Er hat die Form einer sehr großen Sicherheitsnadel; die Nadelspitze ist aber abgerundet wie eine Stricknadelspitze, so daß die Wolle nicht Gefahr läuft, zerstochen zu werden. Wenn die Maschen aufgenommen sind, wird der Maschenraffer geschlossen, und die Maschen können nicht mehr herabfallen. So lassen sich die übrigen Maschen ungehindert weiterstricken.

Knäuelhalter

Besonders bei gleichzeitigem Stricken mehrerer Wollfäden ist ein Knäuelhalter nützlich. Man steckt jedes Knäuel in solch einen Behälter aus Plastik, aus dem sich der Faden ohne Schwierigkeiten und ohne sich zu verwickeln herausziehen läßt.

Fadenführer

Auch ein Fadenführer bewährt sich für das Stricken mit mehreren Fäden. Man kann ihn auf den Zeigefinger aufsetzen und 2–3 verschiedene Fäden so damit führen, daß sie sich beim Arbeiten nicht ineinander verwickeln.

Stricknadelmaß

In einer Platte aus Metall oder Plastik sind mit Stärkennummern versehene Löcher angebracht. So kann man bei einer Nadel, die keine Stärkennummer trägt, schnell die Dicke herausfinden.

Häkelnadel

Wie die Stricknadel, so muß auch die Häkelnadel in ihrer Stärke unbedingt dem Garnmaterial angepaßt sein. Welche Häkelnadelstärke man für welches Garn verwenden soll, weist die Banderole um das Garn aus (Abb. 1).

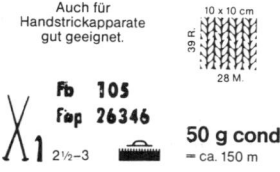

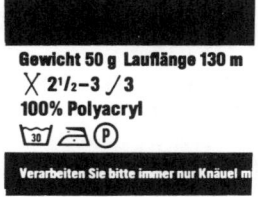

Abb. 1

Tunesische Häkelnadel

Man braucht sie für das sogenannte Strick- oder Tunesischhäkeln. Sie stellt eine 24—35 cm lange, durchgehend gleichstarke Häkelnadel dar, die am Ende mit einem Bremsknopf versehen ist, um ein Herabfallen von Maschen zu verhindern.

Weiteres nützliches Werkzeug

sind Maßband, Sticknadeln, Stecknadeln, Schere sowie zum Anfertigen von Schnitten Millimeterpapier und Bleistift.

Garnmaterial

Für das Gelingen der Arbeit erweist sich gutes Garnmaterial als besonders wichtig. Keine minderwertige Qualität verwenden! Hier ist Sparsamkeit fehl am Platz; man darf sich nicht durch Billigangebote ohne Gütegarantie verlocken lassen. An einer Handarbeit sitzt man immer beträchtliche Zeit. Dieser Zeit- und Arbeitsaufwand ist vergeblich, wenn das Stück, das man angefertigt hat, nach dem ersten Waschen fast doppelt so groß ist wie vorher oder völlig seine Form verloren hat, weil das Material nicht die geringste Elastizität besitzt. Gute Qualitäten dagegen sind strapazierfähig, vertragen häufiges Waschen und können, auch wenn sie einmal aufgetrennt worden sind, noch problemlos verwendet werden. Außerdem sind sie farbecht und »bluten« beim Waschen nicht »aus«. Wichtige Angaben über Material, Beschaffenheit und Pflege enthält wieder die Banderole um das Garn, die vor dem Kauf sorgfältig gelesen werden sollte (siehe Abb. 2).

Abb. 2
Bei Nachkauf von Wolle immer die Farbnummer beachten, sonst kann es vorkommen, daß der Farbton nicht genau stimmt.

Anfertigen eines Modells nach Arbeitsanleitung oder Schnitt

Hat man sich nun für ein bestimmtes Modell entschieden, geeignetes Garnmaterial sowie Nadeln in der richtigen Stärke dazu besorgt und auch eine Anleitung oder einen Schnitt mit Arbeitsangaben erhalten, so kann man beginnen. Als erstes muß unbedingt eine *Werkprobe*, sei es beim Stricken eine Maschenprobe oder beim Häkeln eine Häkelprobe, anfertigen. Das erweist sich als wichtig, denn wenn auch zwei Leute mit gleichem Garnmaterial und gleicher Nadelstärke arbeiten, so kann das Ergebnis doch sehr unterschiedlich ausfallen – weil nämlich der eine den Faden fester, der andere lockerer anzieht. Dabei kann es schon bei einem Stück von etwa 10 cm Höhe und 10 cm Breite zu beträchtlichen Schwankungen in der aufgewendeten Maschenzahl kommen. Das ist der Grund, warum man häufig die Maschenzahlangaben zu den Schnittzeichnungen oder in den Arbeitsanleitungen neu berechnen muß, wenn das Werkstück später passen soll.

Maschenprobe

Die Werkprobe soll sowohl in der Höhe als auch in der Breite etwas größer als 10 cm sein und im Grundmuster ausgeführt werden. Manchmal läßt es sich nicht umgehen, eine zweite Maschenprobe anzufertigen: wenn beispielsweise ein Musterband aus Zopfmuster oder verkreuzten Maschen (durch welche ein Muster stark zusammengezogen wird) einzustricken ist, so daß die Maschenzahl des Grundmusters nicht ausreichen würde, um die erforderliche Breite zu liefern. Vor dem Errechnen der Maschenzahl sollte die Maschenprobe gedämpft oder gespannt werden (siehe Abb. 11 und 12), weil sie dann erst ihre wahre Größe verrät. Sodann legt man ein Maßband neben die Längsseite (Abb. 3) und zählt ab, wie viele Maschen in der Höhe 10 cm ergeben.
Das gleiche gilt für die Breite. Ermittelt man beispielsweise in der Breite 25 Maschen auf 10 cm, so ergibt sich für ein Schnitteil, das

50 cm breit sein soll, folgende Rechnung: 25 Maschen mal 5 = 125 Maschen.

Der Maschenanschlag beträgt also 125 Maschen.

Das gleiche gilt für die Höhe. Ist beispielsweise in der Arbeitsvorlage angegeben, daß in einer Höhe von 12 cm zugenommen werden muß, so kann man die Reihenzahl bis dahin ebenso aus der Maschenprobe errechnen. Waren es z. B. 35 Reihen, die in der Höhe 10 cm ergaben, so entspricht 1 cm in diesem Fall 3,5 Reihen; 12 cm entsprechen demnach 42 Reihen. Es muß also nach 42 Reihen zugenommen werden.

Häkelprobe

Die Häkelprobe wird ebenfalls im gewählten Hauptmuster angefertigt. Anschließend kann man, wie bei der Maschenprobe, die erforderliche Anzahl der Maschen leicht errechnen.

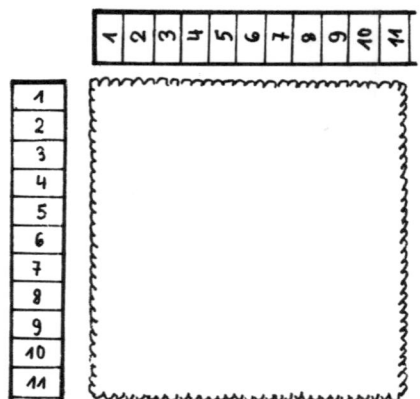

Abb. 3

Abändern und Neuberechnung der Schnittgröße

Oft kommt es vor, daß man ein Modell anfertigen möchte, dessen Arbeitsanleitung und Schnitt in einer nicht passenden Größe angegeben sind. In diesem Fall kann man – mit etwas Geschick und Sorgfalt – die für die eigenen Bedürfnisse benötigte Anzahl von Maschen anhand der Maschenprobe selbst errechnen.

Beispiel:

Maschenprobe: 22 Maschen und 30 Reihen ergeben 10 cm².

14

Vorliegender Schnitt mit Arbeitsangaben für Größe 134—140

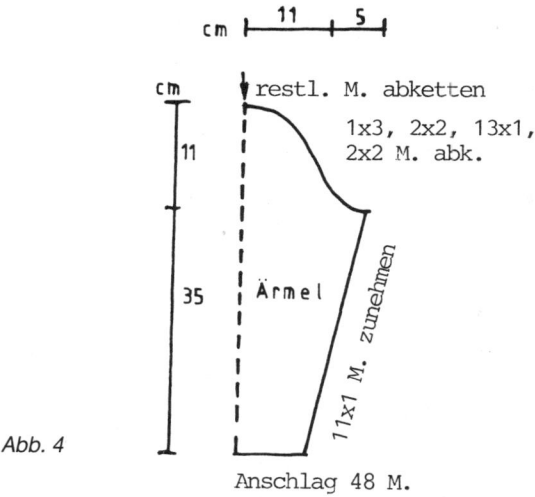

cm ├── 11 ──┼── 5 ──┤

cm

↓ restl. M. abketten

1x3, 2x2, 13x1,
2x2 M. abk.

11

35

Ärmel

11x1 M. zunehmen

Abb. 4

Anschlag 48 M.

Neuberechnung für die gewünschten Größen:

a) Verkleinern
   auf Größe 128

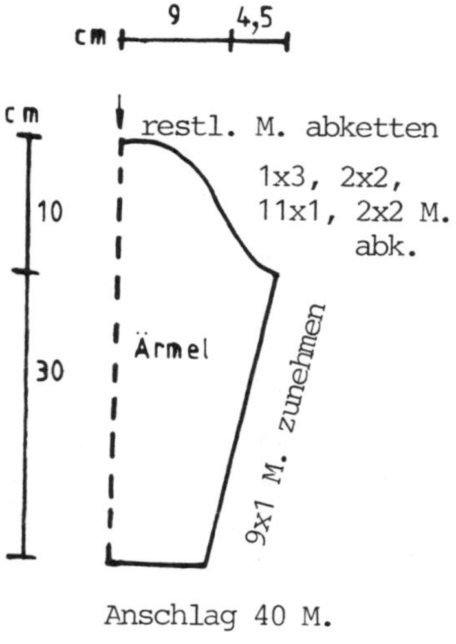

cm ├── 9 ──┼── 4,5 ──┤

cm

↓ restl. M. abketten

1x3, 2x2,
11x1, 2x2 M.
abk.

10

30

Ärmel

9x1 M. zunehmen

Anschlag 40 M.

Abb. 5

b) Vergrößern
   auf Größe 146—152

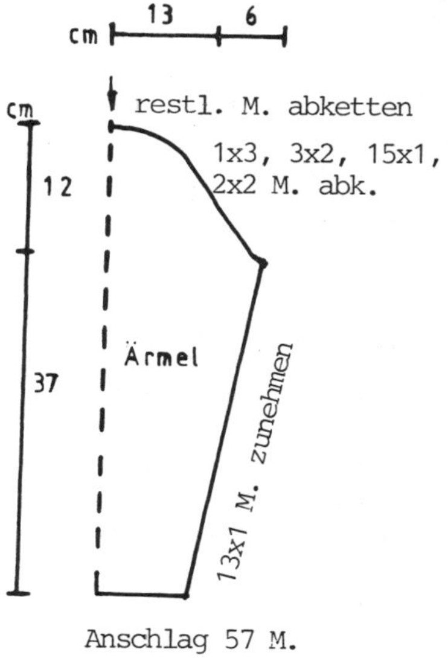

cm ├── 13 ──┼── 6 ──┤

cm

↓ restl. M. abketten

1x3, 3x2, 15x1,
2x2 M. abk.

12

37

Ärmel

13x1 M. zunehmen

Anschlag 57 M.

Abb. 6

15

An folgenden Stellen werden Schnitte

a) verkleinert

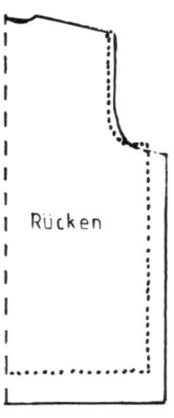

Abb. 7

b) vergrößert

Abb. 8

ZEICHENERKLÄRUNG:

—— oder – – – – = Schnittlinie angegebene Größe

.... = Schnittlinie Verkleinerung oder Vergrößerung

16

Fertigverarbeitung gestrickter und gehäkelter Schnitteile

Vorbereitungsarbeiten
Vernähen

Nach der Fertigstellung aller Schnitteile müssen die von der Arbeit weghängenden Fäden sorgfältig vernäht werden. Einfaches Verknüpfen reicht nicht aus, weil ein Knoten beim Waschvorgang aufgehen und sich dann die Handarbeit teilweise auftrennen könnte. Vernäht wird auf der linken Seite des Schnitteils: bei *Häkel*arbeiten, dem Muster entsprechend, zwischen den Maschen; bei *Strick*arbeiten werden etwa 5 Maschen von oben nach unten auf die Stricknadel genommen. Man zieht den Faden durch; dann werden mit der Nadel wieder 5 Maschen, diesmal versetzt von unten nach oben, aufgefaßt. Hier abermals den Faden durchziehen, anschließend abschneiden (siehe Abb. 9).

Abb. 9

Bei zwei- oder mehrfarbigen Gegenständen müssen die Fäden entweder am Rand oder in einem Stück mit gleicher Farbe vernäht werden, so daß der vernähte Faden nicht auf der Vorderseite sichtbar ist.
Nachdem alle weghängenden Fäden auf diese Weise vernäht wur-

den, empfiehlt es sich, die Handarbeit, deren Herstellung meist längere Zeit in Anspruch nahm und die daher immer einer Reinigung bedarf, zu waschen.

Waschen

Beim Waschen der Handarbeit *unbedingt* die auf der Banderole um das verwendete Garn angegebenen Pflegeanleitungen beachten! Beispiele:

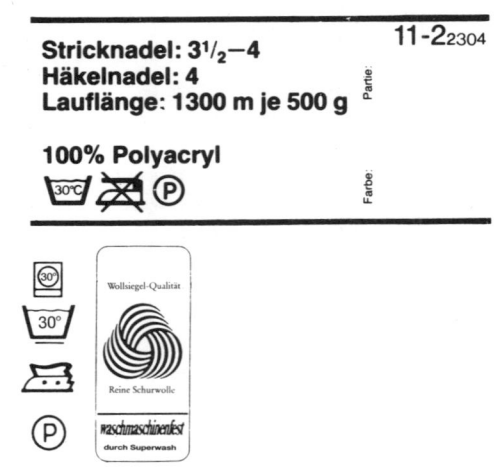

Abb. 10

ERKLÄRUNG DER WASCHANLEITUNGEN:

⬚ = *maschinenwaschbar*

⬚ = *mit der Hand waschen bei der im Waschbottich des Symbols angegebenen Temperatur, beispielsweise bei 30° (Feinwäsche)*

Ⓟ = *Angabe für die Reinigungsfirma, wenn der Gegenstand aus diesem Garnmaterial gereinigt werden soll*

Durch falsches Waschen oder Schleudern kann die ganze Mühe, die man sich bei der Anfertigung des Gegenstandes gegeben hat, zunichte gemacht werden! Obwohl alle guten Garne »indanthren«, das heißt farbecht, eingefärbt sind, empfiehlt es sich bei farbintensiven Handarbeiten, diese vorsichtshalber das erste Mal als Einzel-

18

stücke zu waschen, um bei einem eventuellen »Ausbluten« der Farbe andere Wäschestücke vor Schaden zu bewahren.

Für Wollsachen gibt es spezielle Wollwaschmittel, die in Handarbeitsgeschäften zu erhalten sind und die in besonderer Weise die wünschenswerten Eigenschaften der Wolle beim Waschen erhalten und unterstreichen. Wollhandarbeiten, die mit der Hand gewaschen werden, darf man nicht rubbeln, zerren oder wringen. Man läßt sie kurz in reichlich Lauge weichen, drückt sie dann durch, wobei man – je nach Verschmutzungsgrad – das Wasser einige Male wechselt. Danach wickelt man den Gegenstand in ein Frotteehandtuch und drückt vorsichtig das Wasser heraus. Schließlich legt man den Gegenstand auf ein vorbereitetes Frotteetuch zum Trocknen, nachdem man ihn in die richtige Form gezogen hat.

Bei Garnen, die gekocht werden dürfen – beispielsweise Leinen oder Baumwolle –, gibt man Handarbeiten, die sehr empfindlich sind, durchbrochene Muster haben oder leicht zerreißen können, vor dem Waschgang in einen weißen (d.h. nicht färbenden) und wasserdurchlässigen Stoffbeutel, den man dann mit ein paar Stichen oben zunäht. Nun kann die Handarbeit unbesorgt gekocht werden (auch in der Maschine); sie ist vor Beschädigungen geschützt.

Bügeln

Vor dem Zusammennähen der einzelnen Schnitteile gilt es, diese noch zu bügeln oder zu dämpfen. Auf der Garnbanderole ist angegeben, ob man die Handarbeit bügeln darf oder nicht (siehe Abb. 10).

ERKLÄRUNG DER BÜGELANLEITUNGEN:

 = darf gebügelt oder gedämpft werden bei der angegebenen Temperatur

● = 30° *●● = 60°* *●●● = 90°*
Stufe 1 *Stufe 2* *Stufe 3*

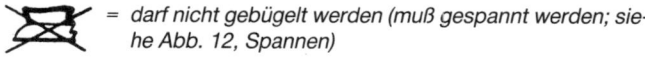 *= darf nicht gebügelt werden (muß gespannt werden; siehe Abb. 12, Spannen)*

Man legt die zu bügelnden Teile mit der linken Seite nach oben auf ein sauberes Tuch auf Bügelbrett oder -tisch und bearbeitet sie in der auf der Banderole angegebenen Temperatur. Dabei ist es empfehlenswert, eine Handarbeit immer unter einem dünnen Tuch (Mull oder Batist) zu bügeln. So vermeidet man weitgehend häßliche Sengstellen oder Farbveränderungen durch die direkte Hitzeeinwirkung.

Dämpfen

Gegenstände aus Wolle müssen gedämpft werden. Dazu legt man eine dicke Unterlage (Moltontuch oder Decke) auf den Bügeltisch, breitet ein sauberes Baumwolltuch darüber und steckt dann die angefertigten Schnitteile gemäß dem Papierschnitt mit Stecknadeln an (siehe Abb. 11).

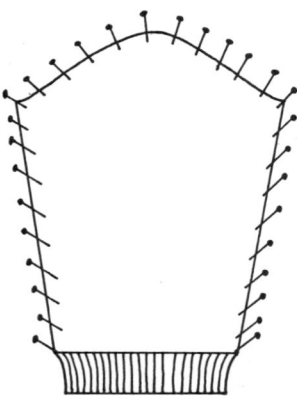

Abb. 11

Nun werden die Teile mit einem feuchten Baumwolltuch abgedeckt. Mit dem auf die richtige Temperatur eingestellten Bügeleisen dämpft man den Gegenstand Stück für Stück. Dabei wird das Bügeleisen jeweils auf einer Stelle aufgesetzt, kurze Zeit festgehalten, dann abgehoben und auf eine neue Stelle gesetzt. Es darf nicht – wie sonst beim Bügeln üblich – hin- und herbewegt werden; und es darf auch kein zu großer Druck auf dem Eisen lasten, sonst filzt die Wolle, oder die Maschen werden verschoben oder gedehnt, so daß die Umrisse nicht mehr stimmen.

Elastische Flächen wie Bündchen oder Kragen dürfen auf keinen Fall gebügelt oder gedämpft werden; sie verlieren sonst ihre Dehnbarkeit!

Spannen

Garne, die mit Kunstfaser gemischt sind oder ganz aus Kunstfasern bestehen, dürfen oft weder gebügelt noch gedämpft werden, weil sie sonst ganz ihre Elastizität verlieren. Hinweise auf der Banderole des Garns beachten!

 = *darf nicht gebügelt werden!*

In solchen Fällen wird den Schnitteilen die richtige Form durch Spannen »verordnet«.

Bei einer Arbeit, die sich aus einzelnen Motiven zusammensetzt, ist es auch häufig notwendig, die Motive vor dem Zusammennähen einzeln zu spannen. Dazu werden die gewaschenen und wieder völlig getrockneten Schnitteile oder Motive auf einer dicken Unterlage (Molton oder Decke), die mit einem sauberen Baumwolltuch abgedeckt ist, mit Nadeln genau nach Schnitt oder Vorlage festgesteckt. Nur rostfreie Nadeln verwenden, sonst entstehen Rostflekken in der Handarbeit! Die Nadeln immer längs zur Strickkante stecken, damit die Ränder nicht ausgebeult werden (siehe Abb. 12). Beim Aufstecken von Stern- oder Spitzenmotiven können die Nadeln senkrecht zur Handarbeit gesteckt werden, wie in Abb. 13 gezeigt.

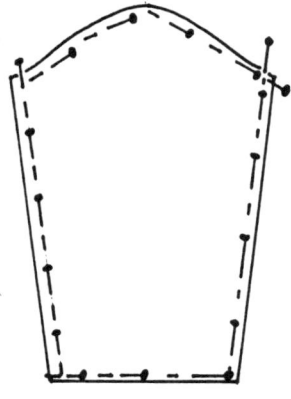

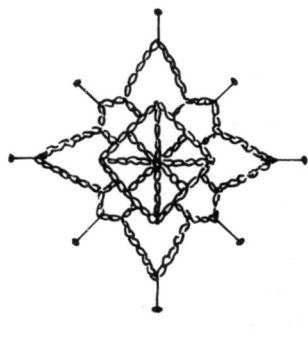

Abb. 12   Abb. 13

Nun werden die einzelnen Teile mit einem sauberen Schwämmchen vollständig angefeuchtet. Die Arbeit muß so lange liegenbleiben, bis sie ganz getrocknet ist. Dann erst darf man die Nadeln entfernen. Das so behandelte Stück behält die Form, die es durch das Spannen bekommen hat, bei und kann nun weiterverarbeitet werden.

In dieser Weise geht man auch – wie bereits zuvor erwähnt – mit zarten Häkel- oder Strickspitzenarbeiten aus einzelnen Motiven um. Da ist jeder einzelne Stern sorgfältig aufzuspannen und kann erst nach dem völligen Trocknen mit den anderen Motiven zu dem gewünschten Gegenstand zusammengefügt werden.

Zusammenfügen der Schnitteile oder Motive

Die einzelnen Strick- oder Häkelteile können auf verschiedene Weise miteinander verbunden werden. Die Methode hängt von der Art der Handarbeit oder vom verwendeten Material ab. Sehr feine dünne Strick- oder Häkelteile lassen sich beispielsweise gut mit der Maschine zusammennähen. Bei einem dicken Norwegerpullover wird man sich dagegen wohl immer für eine Naht mit der Hand entscheiden. Am besten arbeitet man beim Zusammennähen mit dem gleichen Garnmaterial, aus dem das gefertigte Werkstück besteht, und mit einer Sticknadel, die eine abgerundete Spitze und ein ausreichend großes Öhr für das Garnmaterial hat.

Zusammennähen mit der Maschine

Die Schnitteile werden rechts auf rechts gelegt, die Nahtkanten mit ein paar Stecknadeln (Nadeln längs der Nahtkante) festgesteckt. Mit Stichweite 3–4 oder Zickzackstich wird sorgfältig entlang der Nahtkante gesteppt. In den meisten Fällen (Ausnahme ganz glatte Garne) ist es ratsam, ein Seidenpapier, das zwischen die Handarbeit und das Nähmaschinenfüßchen gelegt wird, mit einzusteppen. Es läßt sich nach Beendigung des Nähens sehr leicht entfernen und verhindert, daß sich (besonders bei flauschigen oder genoppten Wollarten oder Schlingengarnen) das Füßchen festhängt.

Zusammenhäkeln mit der Häkelnadel

Diese Art des Verbindens einzelner Schnitteile kommt vor allem zum Einsatz, wenn man die Teile später einmal wieder auseinandernehmen möchte, beispielsweise um sie zu vergrößern (was gerade bei Kinderkleidung häufig notwendig ist). Die beiden Teile werden genau rechts auf rechts gelegt und an den Kanten mit Stecknadeln fixiert. Mit einem Faden des gleichen Garnmaterials, aus dem die Schnitteile gearbeitet wurden, verbindet man jeweils die Randmasche der einen Kante mit der gegenüberliegenden Randmasche der anderen Kante durch eine Kettmasche (Abb. 14).

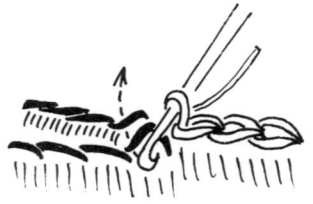

Abb. 14

Es entsteht eine etwas wulstige Kante, die aber in der Regel nicht störend wirkt.

Achtung: Sehr lockere Kettmaschen häkeln, sonst zieht sich das Werkstück an der Naht unschön zusammen!

Zusammenstricken mit einer Stricknadel

Bei manchen Strickstücken, besonders bei rundgestrickten Norwegerpullovern, kommt es vor, daß eine Naht durch Zusammenstricken gebildet werden muß (meist die Naht zwischen Ärmel und Vorder- oder Rückenteil unter dem Arm). Dazu legt man die beiden Nadeln mit den Schnitteilen, die verbunden werden sollen, aufeinander (rechts auf rechts). Mit einer weiteren Nadel wird in jede 1. Masche der beiden Nadeln eingestochen, der Faden geholt, durch beide Maschen gezogen und abgehoben. Das Ganze bei allen folgenden Maschen wiederholen, jedoch gleichzeitig abketten, so daß zuletzt nur noch eine Masche auf der Nadel verbleibt, die man dann einfach durchzieht (Abb. 15 und 16).

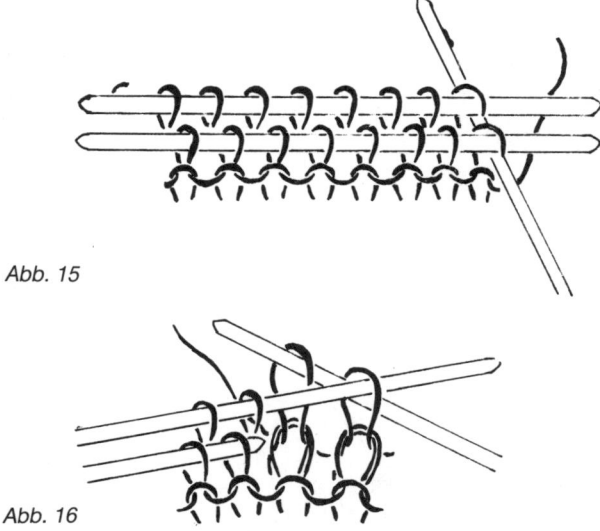

Abb. 15

Abb. 16

Zusammennähen mit der Hand

Das ist die gebräuchlichste Art, verschiedene gehäkelte oder gestrickte Schnitteile miteinander zu verbinden. Hierbei können verschiedene Stiche zur Anwendung kommen.

Der Stepp- oder Rückstich

Wie beim Zusammennähen mit der Nähmaschine werden die Teile rechts auf rechts gelegt; man arbeitet auf der linken Seite. Zur Befestigung der Schnitteile steckt man entlang der Nahtkanten einige Stecknadeln.

Arbeitsweise des Stiches von rechts nach links: Ausstechen, eine Stichlänge nach rechts (= zurück, daher Rückstich) übergehen, einstechen, die doppelte Stichlänge auffassen, ausstechen. Beim nächsten Stich wieder eine Stichlänge nach rechts zurückgehen, in die Ausstichsstelle des vorangegangenen Stiches einstechen, doppelte Stichlänge auffassen, ausstechen usw. (Abb. 17).

Abb. 17

Der überwendliche Stich

ist sehr einfach auszuführen und wird daher sehr häufig eingesetzt. Die Kanten der Schnitteile, die zusammenzufügen sind, werden aneinandergelegt, die linken Seiten jeweils nach oben.

Arbeitsweise: Man faßt jeweils die sich gegenüberliegenden Randmaschen der beiden Teile auf und zieht den Faden durch (Abb. 18). Den Faden darf man aber nur locker durchführen, sonst zieht sich die Naht zusammen.

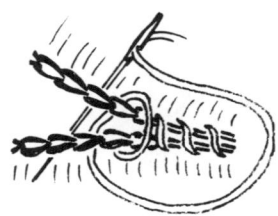

Abb. 18

Dieser Stich kann auch zum Umstechen von Knopflöchern bei Strick- oder Häkelsachen genommen werden, damit die Kante fest wird und der Knopf keine Chance hat, sie vorzeitig abzuwetzen.

Der Strickstich

läßt sich immer dann verwenden, wenn das Verbinden einzelner Strickteile möglichst wenig sichtbar sein soll. Die Form der Maschen des Gestricks wird dadurch nachgebildet, daß man jeweils zwei Maschenteile der einen Seite, dann zwei Maschenteile der anderen Seite auffaßt. So können z.B. offene Schulternähte eines Pullovers so geschlossen werden, daß die Naht anschließend nicht mehr festzustellen ist (Abb. 19).

Abb. 19

Der Stich kann, etwas abgewandelt, auch an Strickkanten angewendet werden. Dann legt man die Strickteile Kante an Kante, rechte Seite nach oben.

Arbeitsweise von unten nach oben: Erst einen Querstich zur Befestigung des Fadens, dann von rechts nach links in die Randmasche des rechten Teiles, ebenso von rechts nach links in die Randmasche des linken Teiles einstechen; Faden locker durchziehen; nicht fest anziehen. Nadel unter den Querfaden der vorhergehenden Masche einstechen, Faden so fest ziehen, daß die Masche die Größe der übrigen rechten Maschen des Gestricks aufweist. Nun wieder die Randmaschen auffassen, Faden locker durchziehen usw. (Abb. 20).

Abb. 20

Der Matratzenstich

Die beiden zu verbindenden Kanten werden genau nebeneinander gelegt, die linken Seiten nach oben.

Arbeitsweise von oben nach unten. Es wird jeweils versetzt einmal ein linkes Maschenglied der einen Kante, dann eines der anderen Kante aufgefaßt (Abb. 21).

Abb. 21

Verzieren der Strick- und Häkelmodelle

Nach der Fertigstellung Ihres Modells können – je nach individuellem Geschmack – noch einige Verschönerungen angebracht werden.

Kantenverzierung

Um die Kanten zu verschönern oder um zu verhindern, daß sie sich einrollen, bietet sich das Umhäkeln an. Wie das gemacht wird, ist jeweils bei den einzelnen Modellen nachzulesen. Die einfachste Möglichkeit sei hier nochmals erwähnt:

Kleiner Pikotstich

1 feste Masche in den Rand, 3 Luftmaschen, in die unterste der 3 Luftmaschen einstechen, 1 Umschlag, den Umschlag gleichzeitig durch beide Schlingen auf der Nadel ziehen, 1 Masche der Kante überspringen, in die nächste Masche wieder 1 feste Masche usw.

Einknüpfen von Fransen

Das Garn wickeln wir um ein Stück dicke Pappe, das 2 cm höher ist als die gewünschte Fransenlänge. Anschließend schneiden wir die unteren Schlingen entlang der Pappen-Kante auf. Nun haben wir lauter gleich lange Fäden. Je nachdem, wie dick die Franse werden soll, nehmen wir zwei oder mehrere Fäden und hängen sie mit einer Häkelnadel in den Rand des Werkstücks ein. Anschließend wird die Franse verknüpft, wie in Abb. 22 gezeigt. Sind alle Fransen eingeknüpft, schneiden wir sie gleichmäßig zu.

Abb. 22

Doppelt oder mehrfach geknüpfte Fransen

Dazu braucht man lange Fransen. Nach dem einfachen Einknüpfen
teilt man jede Franse in zwei gleich starke Teile und verknüpft jede
Hälfte mit einer Hälfte der benachbarten Franse. Das kann man – je
nach Länge der Fransen – noch mehrfach wiederholen und erhält so
einen dekorativen Fransenabschluß (Abb. 23).

Abb. 23

Verzieren mit Applikationen

Beim Applizieren handelt es sich um das Aufnähen von geeigneten
Motiven, zum Beispiel solchen aus Leder, Stoff oder Plastik. Dabei
darf man seiner Phantasie freien Lauf lassen. Man kann die Motive
selbst entwerfen oder in Fachgeschäften kaufen. Kinder haben
spezielle Wünsche und Vorstellungen darüber, was sie auf ihren
Lieblingspullover appliziert haben wollen. Auf die Strick- oder
Häkelmodelle wird die Applikation mit lockeren überwendlichen
Stichen aufgebracht.

Besticken des Modells

Ein Modell gewinnt oft an Wirkung, wenn es hübsch bestickt ist. Bei
folkloristischen Modellen werden häufig Blumen- und Blattmotive
verwendet, die nach Abbildung in frei gewählter Stichart gestickt
werden. Man kann aber auch auf Strickmodelle Motive im Maschenstich aufsticken, die dann aussehen, als wären sie eingestrickt (siehe
Titelmodelle).

Maschenstich

Mit einer stumpfen Nadel unten in
der Mitte einer Masche ausstechen
(von hinten nach vorne), oben in
Maschenhöhe die rechts und links
davon liegenden Maschenteile
waagrecht auffassen; Faden locker
durchziehen (Abb. 24).

Abb. 24

Unten in den Ausstichpunkt von vorne nach hinten zurückstechen. Die folgenden 2 Maschenglieder unten auffassen; Faden locker durchziehen (Abb. 25).

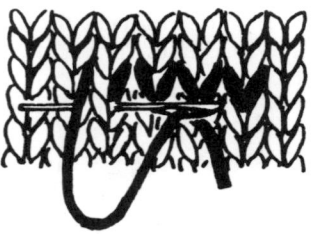

Abb. 25

Auf diese Weise kann man einfache glatte Strickfäden mit sehr schönen, auch mehrfarbigen Mustern versehen.

Erläuterungen zum Stricken und Häkeln nach Mustervorlagen

Regeln für das Musterstricken

- Beim Erlernen der Musterfolge sind Geduld und Ruhe nötig. Man braucht einfach eine gewisse Zeit, in der man nicht gestört werden sollte, um die Stricktechnik zu üben und sich die Musterfolge einzuprägen.

- Besonders sorgfältig stricken, darauf achten, daß keine Fehler ins Gestrick kommen oder Maschen fallen. Möglichst nach jeder zweiten Reihe das Muster auf seine Richtigkeit hin überprüfen. Fehler sind beim Musterstricken in der Regel schwer zu beheben, meist nur durch vorsichtiges Zurückstricken.

- Sollen mehrere Maschen zusammengestrickt werden, ist es ratsam, sie zuerst mit der Stricknadel zu lockern. Dann lassen sie sich besser abstricken und fallen nicht so leicht herunter.

- Bei Mustern mit hoher Reihenzahl jeweils die Reihe, die man gerade bearbeitet, in der Anleitung markieren, z. B. mit einem Papierstreifen, der sich leicht von Reihe zu Reihe verschieben läßt. Dadurch gerät man beim Ablesen nicht aus Versehen in eine andere Reihe.

- Die Arbeit am besten immer erst am Ende einer Musterfolge beiseite legen. Man vergißt sonst leicht, in welcher Reihe man sich befunden hat, und strickt womöglich an der falschen Stelle weiter.

- Hilfsnadeln, die benötigt werden, steckt man am besten immer unten in das Gestrick. Dadurch erspart man sich häufiges Suchen, wenn man verzopfen oder verkreuzen will.

- Beim Musterstricken mit zwei Farben die zweite Farbe stets locker, aber nicht zu locker, mitführen. Dabei den Faden, der gerade nicht gebraucht wird, so über den Faden der gerade verarbeiteten Farbe legen, daß er auf der Vorderseite nicht zu sehen ist. Das gleiche gilt natürlich auch für das Stricken mit mehr als zwei Farben.

- Werden im Verlauf eines Musters Maschen neu aufgeschlagen beziehungsweise aufgeschleift, diese Maschen vor dem Abstricken mit dem Finger nach vorne schieben. Dadurch lockern sie sich und lassen sich ohne Schwierigkeiten abstricken.

Erklärung der Häkelschriftsymbole

Bei vielen Mustern verwende ich – statt langer, oft schwer zu verstehender Beschreibungen – für die einzelnen Maschen und ihre Anordnung Symbole. Für jede Masche steht dabei ein bestimmtes Zeichen. So ergibt sich ein übersichtliches Bild, nach dem leicht zu arbeiten ist.

• = Luftmasche	✕ = Kettmasche
I = feste Masche	† = Stäbchen
‡ = Doppelstäbchen	‡ = Dreifachstäbchen

Stäbchen können auch noch höher gehäkelt werden. Die Zahl der Querstriche gibt die Höhe, das heißt die Anzahl der Umschläge an, durch die der Faden nacheinander gezogen wird.

J = Reliefstäbchen: Dabei wird von vorne um das Stäbchen der Vorreihe gestochen, das Stäbchen wird wie immer beendet.

V = 2 feste Maschen in eine Einstichstelle

△ = Pikot: Es werden 4 Luftmaschen gehäkelt, und in die 1. Luftmasche zurück wird eine feste Masche gehängt.

⊕ = 3 zusammen abgemaschte Doppelstäbchen in eine Einstichstelle

⊕ = 4 zusammen abgemaschte Dreifachstäbchen in eine Einstichstelle

Die Querstriche geben die Höhe der Stäbchen an, die gebogenen
Längsstriche die Anzahl der Stäbchen.

€⠅ = 4 Luftmaschen, 3 zusammen abgemaschte Doppelstäbchen
in eine Einstichstelle

Dieses Zeichen, in Anzahl der Luftmaschen, der Querstriche und
der gebogenen Längsstriche variiert (Bedeutung siehe oben),
kommt häufig vor.

A = 2 zusammen abgemaschte Stäbchen

V = 2 Stäbchen in eine Einstichstelle

A = 3 zusammen abgemaschte Doppelstäbchen

₩ = 3 Doppelstäbchen in eine Einstichstelle

A = 5 zusammen abgemaschte Doppelstäbchen

₩ = 5 Doppelstäbchen in eine Einstichstelle

Dieses Zeichen (Längsstriche bedeuten Anzahl der Stäbchen, Querstriche Zahl der Umschläge = Höhe für das Stäbchen) kommt,
abgewandelt in Höhe und Anzahl der Stäbchen, häufig vor.

⓪ = Büschelmasche: 1 Umschlag, einstechen, Schlinge hochziehen; erneut 1 Umschlag, in die gleiche Einstichstelle wie
vorher einstechen, Schlinge hochziehen; erneut 1 Umschlag, in die gleiche Einstichstelle wie vorher einstechen,
Schlinge hochziehen; erneut 1 Umschlag, in die gleiche Einstichstelle wie vorher einstechen, Schlinge hochziehen. Alle
auf der Häkelnadel befindlichen Schlingen zusammen
abmaschen; 1 fest angezogene Luftmasche als Abschluß.

Abkürzungen
bei den Musterbeschreibungen

a.	= alle	R.	= Reihe
Abb.	= Abbildung	Randm.	= Randmasche
abh.	= abheben	Rd.	= Runde
abk.	= abketten	re	= rechts
abm.	= abmaschen	Rückr.	= Rückreihe
abn.	= abnehmen		
Anschl.	= Anschlag	Stb.	= Stäbchen
anschl.	= anschlagen	str.	= stricken
aufn.	= aufnehmen		
		u.	= und
einst.	= einstechen	Umschl.	= Umschlag
feste M.	= feste Masche	überz.	= überziehen
folg.	= folgende		
fortl.	= fortlaufend	verschr.	= verschränkt
		Vorr.	= Vorreihe
Hilfsn.	= Hilfsnadel		
Hinr.	= Hinreihe	wiederh.	= wiederholen
li	= links	zun.	= zunehmen
Luftm.	= Luftmasche	zus.	= zusammen
		zus.str.	= zusammen-stricken
M.	= Masche		
		*	= Wiederholungs-zeichen

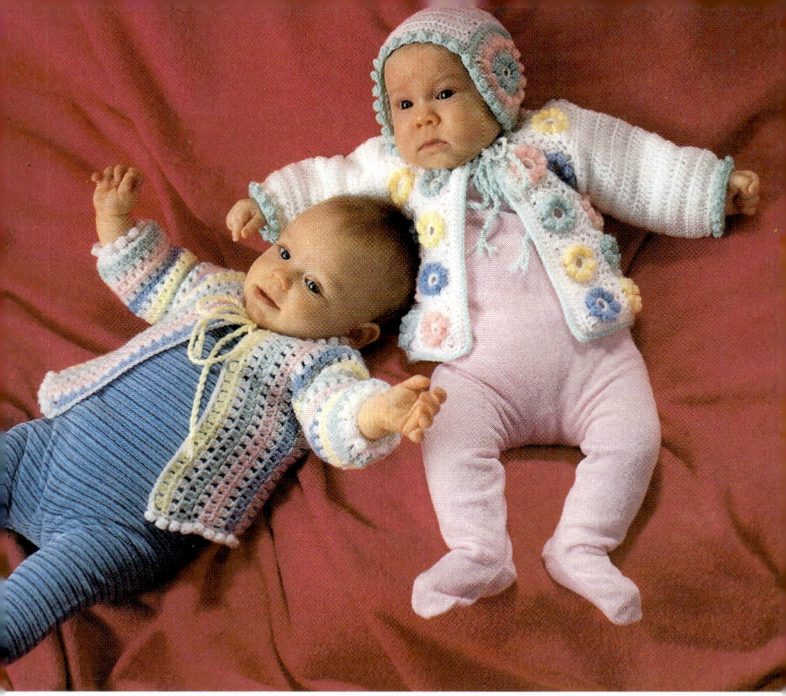

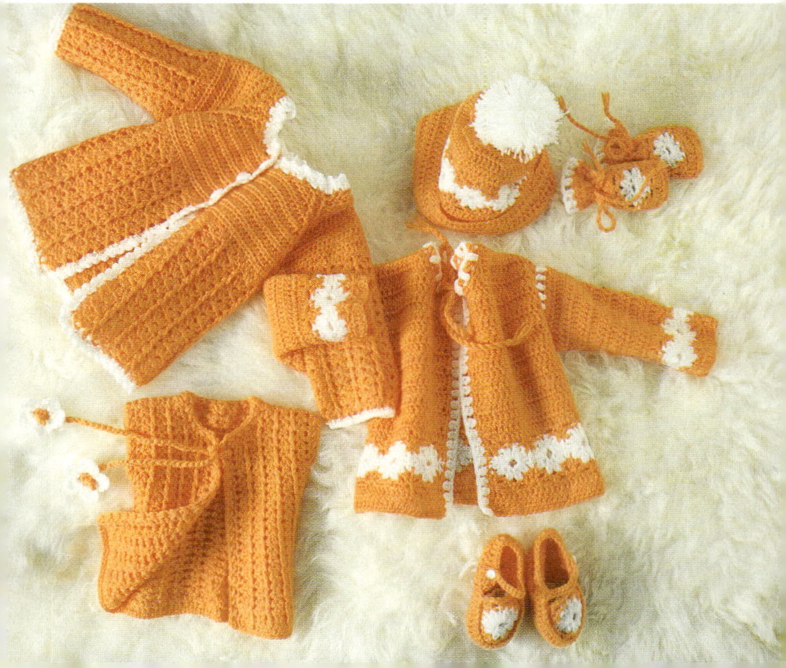

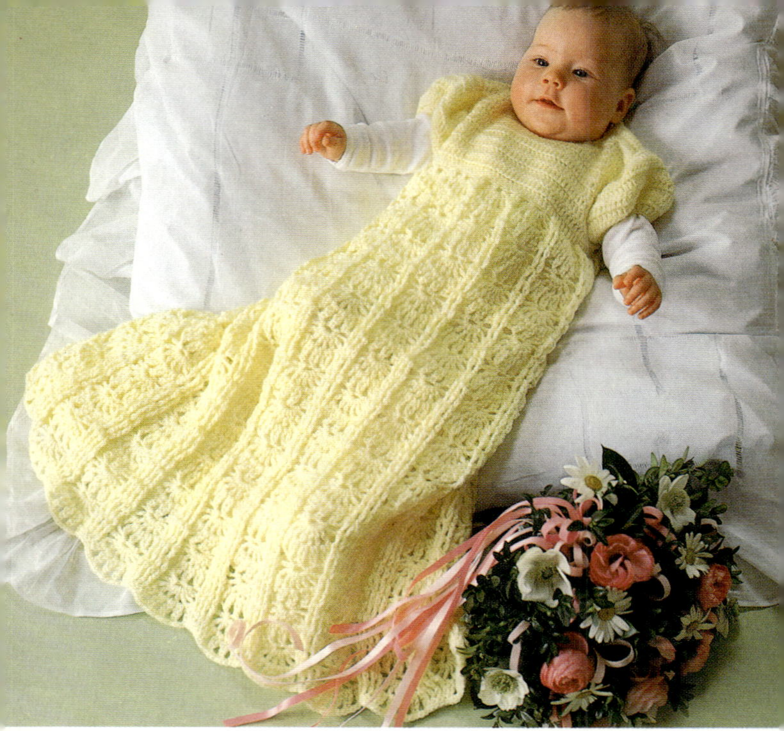

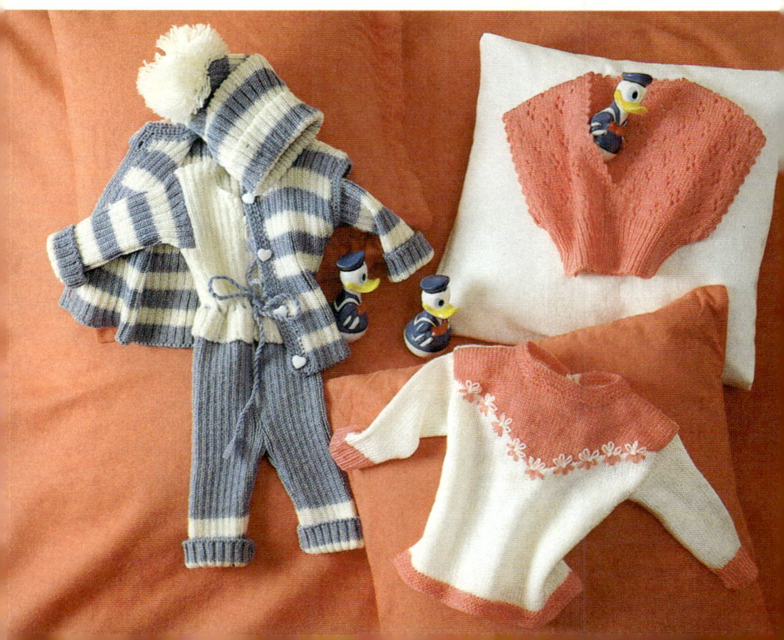

Arbeitsanleitungen für Strick- und Häkelmodelle

Pulli mit Blumenmotiv *(Abb. Titelmodell, links)*   **S**

Körpergröße 134—140 (9—10 Jahre)
Oberweite des Modells: 80 cm   **Gesamtlänge: 44 cm**

Material
Esslinger Wolle »crocus« 200 g weiß (Fb. 01), »geisha« je 50 g flieder (Fb. 67). Garnreste in Hellgrün, Dunkelgrün, Helloliv, Dunkeloliv, Hellila, Dunkellila, Flieder, Gelb, Orange, Altrosa, Rot oder »trokkenwolle«. 1 Paar INOX-Tric-Schnellstricknadeln 3 mm, 1 INOX-Rundstricknadel 2,5 mm, 60 cm lang.

Technik I
Glatt rechts = Hinreihen rechts, Rückreihen links stricken.

Technik II
Einstrickmuster – Würfel in glatt rechts und aufgesticktes Blumenmotiv: siehe Zählmuster Ärmel und Zählmuster Vorderteil.

Maschenprobe – Glatt rechts
28 Maschen/40 Reihen = 10 cm².

Arbeitsgang siehe Schnitt.

Fertigstellung

Auf das Vorderteil nach Zählmuster im Maschenstich Blumenmotiv aufsticken. (Achtung: Aus technischen Gründen ist Farbabb. auf dem Umschlag seitenverkehrt!) Schulternähte schließen, Ärmel einsetzen, Ärmel- und Seitennähte schließen. Aus dem Halsausschnitt mit Nadel 2,5 mm in Weiß 141 M. aufnehmen und 1 M. re, 1 M. li 2,5 cm stricken; Maschen im Maschenrhythmus abketten.

Farbtafel II:
Oben: Taufkleid. Beschreibung auf Seite 62–63.
Unten links: Kinderanzug, Weste und Mütze (Größe 68/74). Beschreibung auf Seite 63–65.
Unten rechts: Babypulli (Größe 62/68/74). Beschreibung auf Seite 69–70.
Ganz unten rechts: Pulli mit Rückenverschluß und bestickter Passe (Größe 68). Beschreibung auf Seite 68–69.

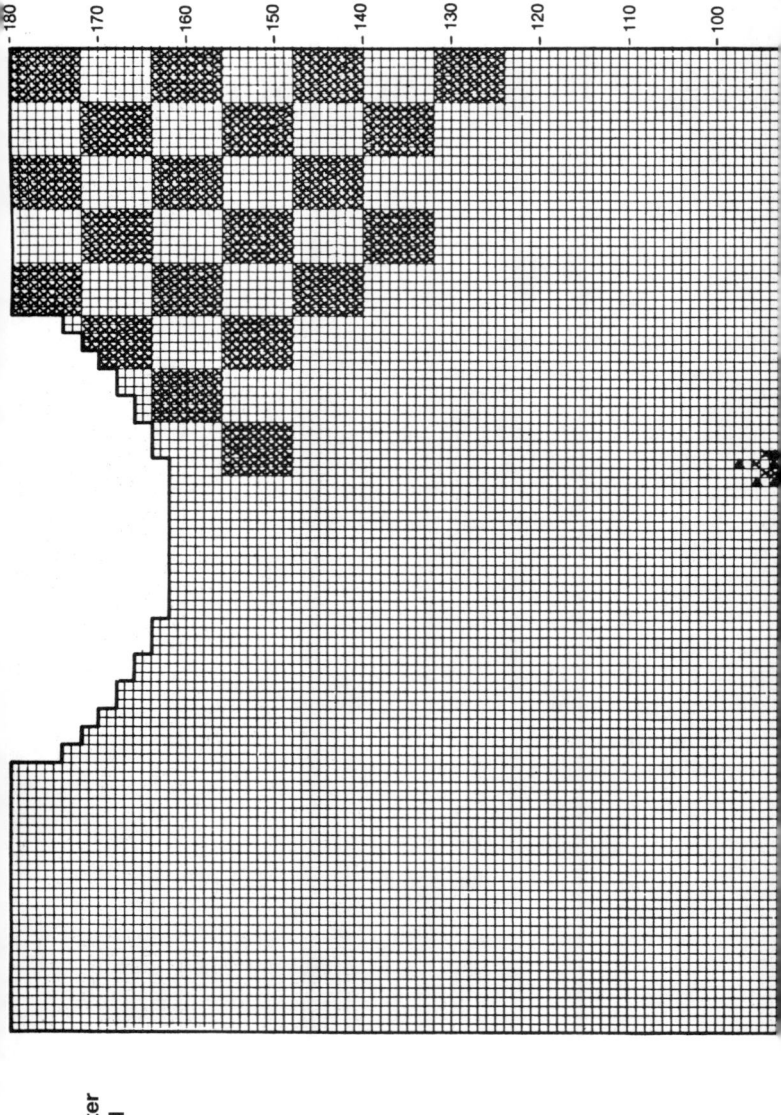

**Zählmuster
Vorderteil**

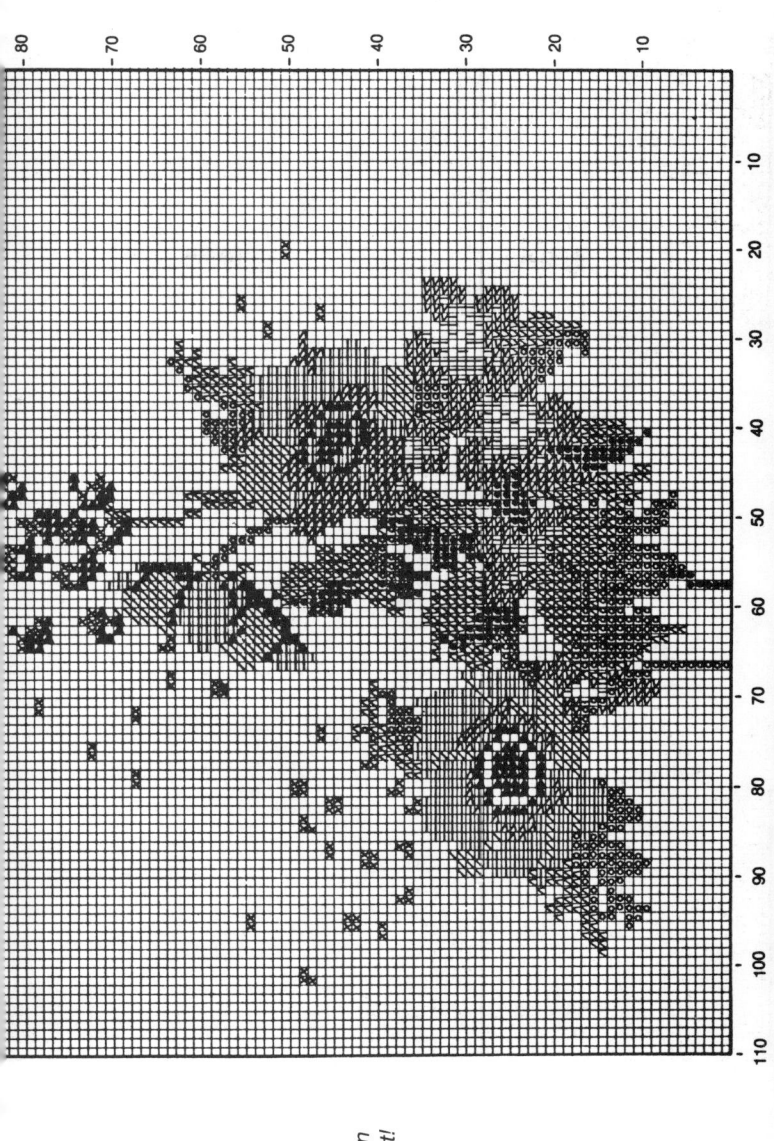

Es sind
Hin- u.
Rückreihen
gezeichnet!

◩ = h'oliv
◉ = d'oliv
◎ = d'grün
◪ = h'grün
▽ = orange
▲ = h'lila
◭ = d'lila
◼ = flieder
⊠ = gelb
⊟ = altrosa
◨ = rot

35

Zählmuster Ärmel

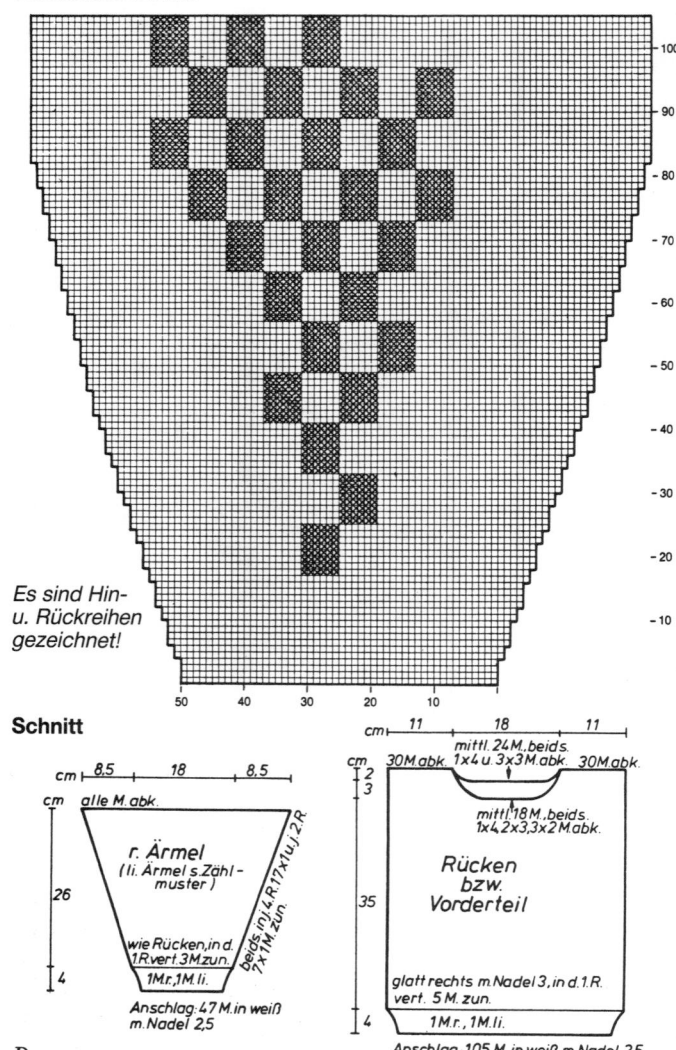

Es sind Hin-u. Rückreihen gezeichnet!

Scale markings on right: 100, 90, 80, 70, 60, 50, 40, 30, 20, 10
Scale markings on bottom: 50, 40, 30, 20, 10

Schnitt

r. Ärmel (li. Ärmel s. Zählmuster)

cm | 8,5 | 18 | 8,5

alle M. abk.

beids. in j. 4. R 17x 1 u. j. 2. R 7 x 1 M. zun.

wie Rücken, in d. 1. R. vert. 3 M. zun.

1 M. r., 1 M. li.

cm 26 / 4

Anschlag: 47 M. in weiß m. Nadel 2,5

cm | 11 | 18 | 11

mittl. 24 M. beids.
30 M. abk. 1x4 u. 3x3 M. abk. 30 M. abk.

mittl. 18 M. beids.
1x4, 2x3, 3x2 M. abk.

Rücken bzw. Vorderteil

glatt rechts m. Nadel 3, in d. 1. R. vert. 5 M. zun.

1 M. r., 1 M. li.

cm 2/3 / 35 / 4

Anschlag: 105 M. in weiß m. Nadel 2,5

Bewertung

Stricktechnik leicht bis mittelschwer; Arbeitsweise mittelschwer. Das Zählmuster muß genau beachtet werden. Es ist besonders wichtig, daß die Maschenprobe der angegebenen Größe entspricht. Sollte dies nicht der Fall sein, dickere Nadeln nehmen, wenn man fester oder dünnere, wenn man lockerer strickt.

36

Jacke mit aufgesticktem Blumenmotiv ⓢ

(Abb. Titelmodell, rechts)

Körpergröße 116—122 (128—134) (6—9 Jahre)
Oberweite des Modells: 76 (84) cm
Gesamtlänge: 42 (44) cm
Die Angaben für **Größe 128—134** stehen **in der Klammer**; steht nur
eine Zahl, gilt diese für alle Größen.

Material
Esslinger Wolle »geisha« 200 g flieder (Fb. 67), »crocus« 50 g weiß
(Fb. 01). 1 Paar INOX-Tric-Schnellstricknadeln 3,5 mm und
1 INOX-Rundstricknadel 3 mm, 60 cm lang. 5 Knöpfe.

Technik I
Glatt rechts = Hinreihen rechts, Rückreihen links stricken.

Technik II
*Einstrickmuster – Würfel in glatt rechts und aufgesticktes Blumen-
motiv:* siehe Zählmuster Rücken und Zählmuster Vorderteil.

Maschenprobe – Glatt rechts
(Genau einhalten – falls nötig, Nadeln wechseln!)
26 Maschen/34 Reihen = 10 cm².

Arbeitsgang

Siehe Schnitt. Für den **Taschenbeutel** – linkes Vorderteil 30 M.
anschlagen und in glatt rechts 8 cm stricken; Maschen stillegen. Für
den Tascheneingriff nach 19 (21) cm ab Anschlag über die 15. – 44.
(21. – 50.) M. ab Seitenkante 1 M. re, 1 M. li 7 Reihen stricken;
dann diese M. abketten, u. die M. des Taschenbeutels einfügen.

Fertigstellung

Motiv mit Maschenstich nach Zählmuster auf die Tasche sticken.
(Achtung: Aus technischen Gründen ist Farbabb. auf dem Um-
schlag seitenverkehrt!) Schulternähte schließen. Ärmel einsetzen,
Ärmel- u. Seitennähte schließen. Taschenbeutel annähen. Aus den
vorderen Kanten u. rückwärtigem Halsausschnitt in Flieder mit
Nadel 3 mm insgesamt 334 (346) M. aufnehmen und 2 cm 1 M. re, 1
M. li stricken; dabei in der rechten Blende in der 4. Reihe 5
Knopflöcher im Abstand von je 14 (15) M. über jeweils 3 M. einarb.;
1. Knopfloch nach 5 M. ab unterer Kante. Maschen im Maschenrhythmus abk. Knöpfe annähen.

Bewertung wie Modell Seite 33 ff.

Zählmuster – Vorderteile

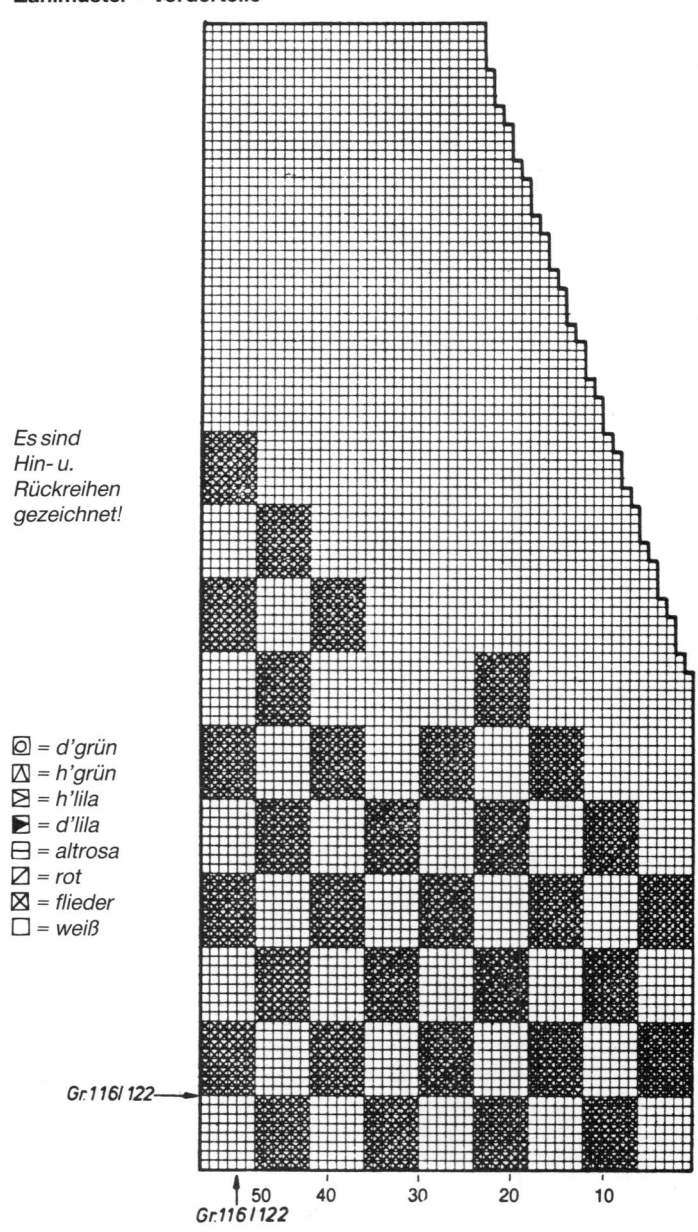

Es sind
Hin- u.
Rückreihen
gezeichnet!

⊙ = d'grün
⧄ = h'grün
⧅ = h'lila
◣ = d'lila
⊟ = altrosa
⧄ = rot
⊠ = flieder
☐ = weiß

Gr. 116/ 122 →

50   40   30   20   10

↑
Gr. 116 / 122

38

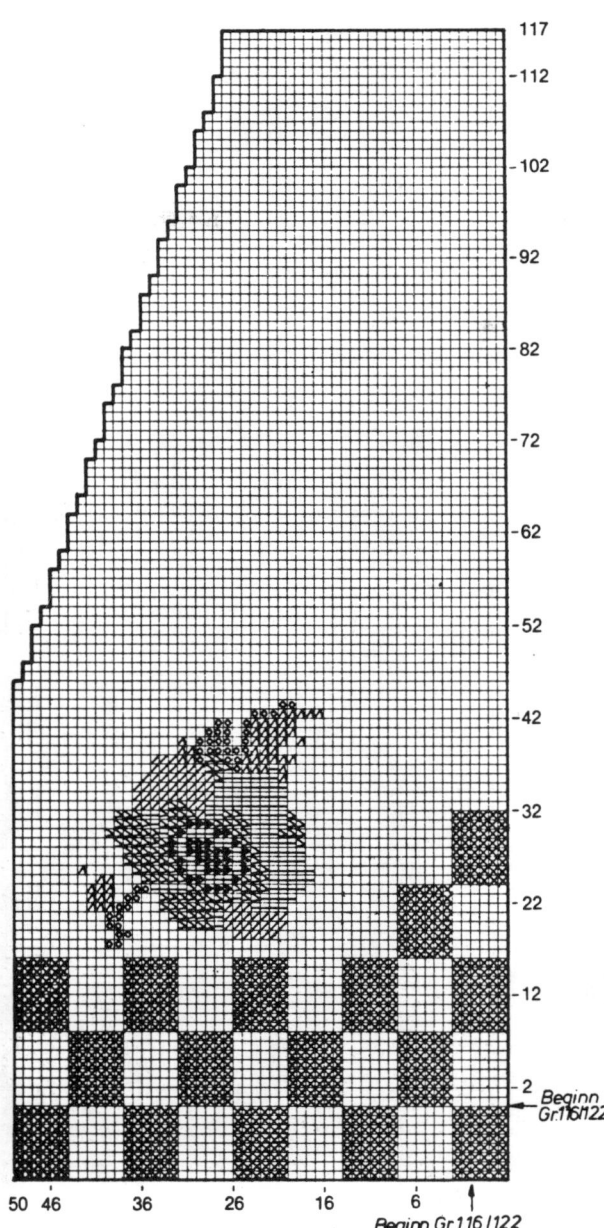

Beginn Gr.116/122

Beginn Gr.116/122

39

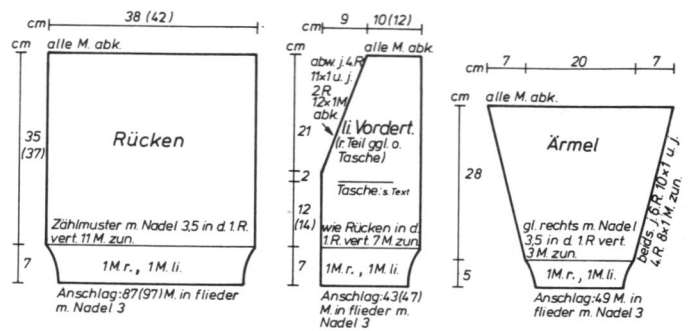

cm 38 (42)
cm alle M. abk.
35 (37)
Rücken
Zählmuster m. Nadel 3,5 in d. 1. R. vert. 11 M. zun.
7
1 M. r., 1 M. li.
Anschlag: 87 (97) M. in flieder m. Nadel 3

cm 9 10 (12)
cm alle M. abk.
abw. j. 4. R. 11x1 u. j. 2. R. 12x1 M. abk.
21
li. Vordert.
(r. Teil ggl. o. Tasche)
2
Tasche: s. Text
12 (14)
wie Rücken in d. 1. R. vert. 7 M. zun.
7
1 M. r., 1 M. li.
Anschlag: 43 (47) M. in flieder m. Nadel 3

cm 7 20 7
cm alle M. abk.
28
Ärmel
beids. j. 6. R. 10x1 u. j. 4. R. 8x1 M. zun.
gl. rechts m. Nadel 3,5 in d. 1. R vert. 3 M. zun.
5
1 M. r., 1 M. li.
Anschlag: 49 M. in flieder m. Nadel 3

Zählmuster Rücken

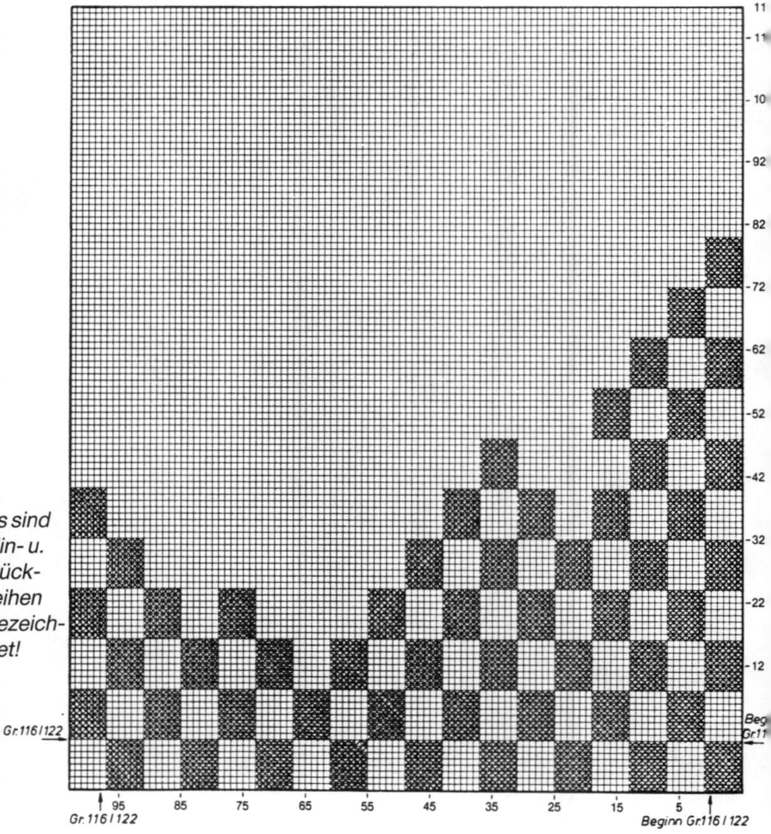

Gr. 116 / 122
95
85
75
65
55
45
35
25
15
5
Gr. 116 / 122
Beginn Gr. 116 / 122
-12
-22
-32
-42
-52
-62
-72
-82
-92

:s sind
Hin- u.
Rück-
eihen
jezeich-
et!

Mädchenkostüm mit Glockenröckchen

(Abb. 26)
Größe 134—140 für 9—10 Jahre

Material
750 g grüne Wolle für Nadelstärke 3,5 mm, 150 g schwarze Wolle für Nadelstärke 3,5 mm; 1 Paar Schnellstricknadeln 4 mm, 1 Rundstricknadel 3,5 mm, 70 cm lang, 1 Häkelnadel 4 mm; 52 cm Gummigurtband, 6 Knöpfe.

Abb. 26: Mädchenkostüm mit Glockenröckchen

Technik I
Glatte Fläche: In den Runden nur re stricken; in den Reihen 1 Reihe rechts, 1 Reihe links stricken.

Technik II
Muster: In glatter Fläche gestrickt
1 Runde schwarz, 2 Runden grün, 3 Runden schwarz, 2 Runden grün (Abb. 27).

Maschenprobe
22 Maschen/30 Reihen $\triangleq$ 10 cm^2

Abb. 27: Musterausschnitt

Arbeitsgang

Glockenrock
136 Maschen mit 1 Paar Schnellstricknadeln 4 mm anschlagen, mit der Rundstricknadel abstricken; von da an immer in der Runde stricken. 20 Runden re str., in der 21. Runde 8× je 17 M. li str. (jeweils 16 M. re, 1 M. li ergibt die Bahnenbreite des Rocks und erleichtert das Aufnehmen). In den folgenden Runden stricken, wie die Maschen erscheinen: rechte M. re, linke M. li. Nach jeder 5. Runde jeweils neben jeder linken Masche 2 Maschen zunehmen: eine links von der linken M., die andere rechts davon. Nach 45 cm Muster einstricken: 4mal Technik II, dazu noch 1 Runde schwarz, 2 Runden grün, 1 Runde schwarz, locker abketten. Bei den Musterreihen werden keine linken Maschen gestrickt. In der 16. Musterreihe wird jeweils nach der 50. Masche eine Masche zugenommen.

Jacke
Siehe Schnitt.

42

Schnitt

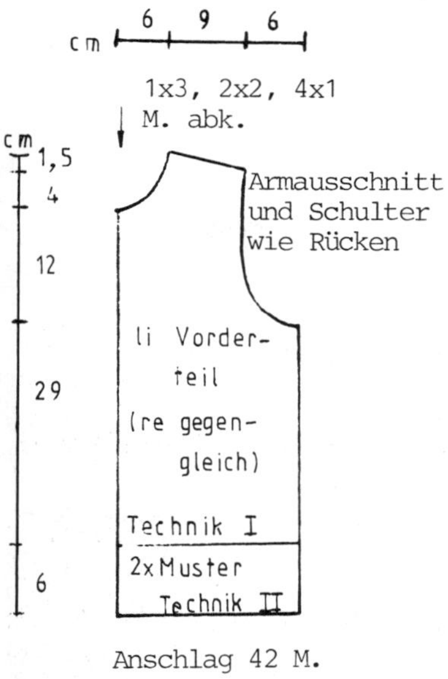

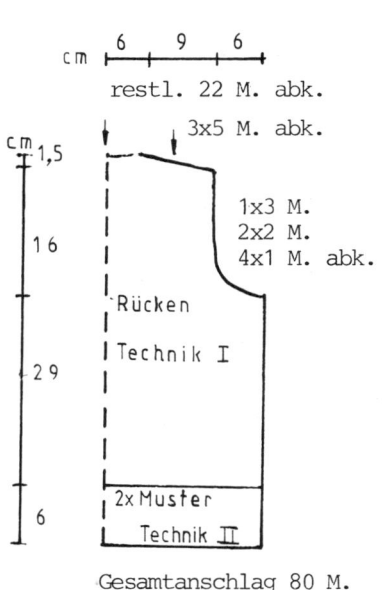

cm ├─ 6 ─┼─ 9 ─┼─ 6 ─┤

1x3, 2x2, 4x1
↓ M. abk.

cm
1,5
4
12
29
6

Armausschnitt
und Schulter
wie Rücken

li Vorder-
teil

(re gegen-
gleich)

Technik I

2x Muster
Technik II

Anschlag 42 M.

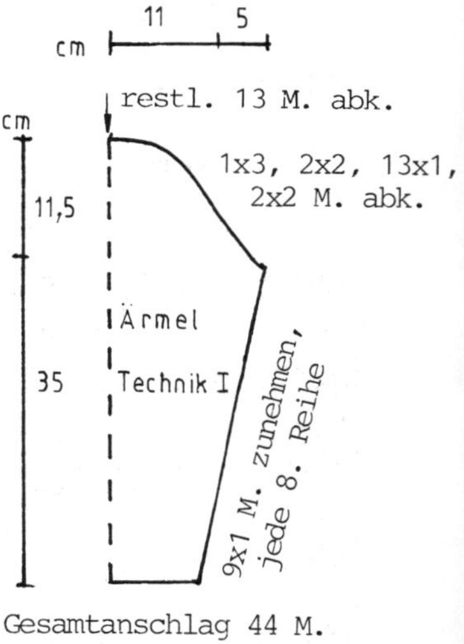

cm ├─ 11 ─┼─ 5 ─┤

↓ restl. 13 M. abk.

1x3, 2x2, 13x1,
2x2 M. abk.

cm
11,5
35

Ärmel

Technik I

9x1 M. zunehmen,
jede 8. Reihe

Gesamtanschlag 44 M.

cm ├─ 6 ─┼─ 9 ─┼─ 6 ─┤

restl. 22 M. abk.

↓   ↓ 3x5 M. abk.

1x3 M.
2x2 M.
4x1 M. abk.

cm
1,5
16
29
6

Rücken

Technik I

2x Muster
Technik II

Gesamtanschlag 80 M.

43

Fertigstellung

Glockenrock

Fäden vernähen, obere Rockkante nach hinten 2,5 cm umschlagen, in den Umschlag ein 52 cm langes, 2,5 cm breites Gummigurtband einlegen, den Bund mit überwendlichen Stichen zunähen. Die untere Rockkante mit Häkelnadel Nr. 4 mit Pikots aus schwarzer Wolle behäkeln.

Pikot = ✻ 3 Luftm., 1 feste M. in die erste Luftm. zurück, 2 M. der Vorreihe überspringen, 1 feste M. Von ✻ ab fortlaufend wiederholen.

Jacke

Fäden vernähen, Seiten-, Schulter- und Ärmelnähte schließen, Ärmel einnähen. Den Halsausschnitt mit 2 Reihen grün und 1 Reihe schwarz in festen Maschen umhäkeln. Aus den vorderen Kanten je 98 Maschen aufnehmen, folgendes Muster glatt rechts stricken: 1 Reihe schwarz, 2 Reihen grün, 3 Reihen schwarz, 2 Reihen grün, 1 Reihe schwarz. In eine der beiden vorderen Kanten dabei 6 Knopflöcher einarbeiten (in der 2. Reihe der 3 Reihen schwarz), jedes Knopfloch über 2 Maschen, das erste Knopfloch nach 3 Maschen. Der Zwischenraum zwischen den Knopflöchern beträgt 14 Maschen. Auf der anderen Kante, jeweils in Höhe der Knopflöcher, die 6 Knöpfe annähen.

Jackenrand und Ärmelränder in schwarzer Wolle mit einer Runde Pikots (siehe Fertigstellung Rock) umhäkeln.

Jackenrand und Ärmelränder in schwarzer Wolle mit einer Runde Pikots (siehe Fertigstellung Rock) umhäkeln.

Bewertung

Stricktechnik und Musterfolge sind leicht. Das Modell ist auch für Anfänger geeignet.

Kinderjacke mit Mütze

(Abb. Seite 2, Modell rechts)

Körpergröße 104—110 (116—122) für 4—5 oder 6—7 Jahre
Die Angaben für **Größe 116—122** stehen **in der Klammer**; steht nur eine Zahl, so gilt diese für alle Größen!

Material
Esslinger Wolle »trockenwolle 64«. **Jacke:** 150 g rot (Fb. 56), je 100 g grün (Fb. 81) u. blau (Fb. 96), 50 g braun (Fb. 72). **Mütze:** je 50 g rot (Fb. 56) u. grün (Fb. 84) u. Reste in Blau (Fb. 96) u. Braun (Fb. 72). 1 Paar PERL-INOX-Tric-Schnellstricknadeln 3,5 und 4 mm.

Technik
Glatt rechts = Hinreihen rechts, Rückreihen links stricken.

Maschenprobe
19 Maschen/26 Reihen = 10 cm².

Arbeitsgang

Jacke
Siehe Schnitt. Arm- u. Raglanabnahme. **Hinreihe:** viertletzte Masche abheben, drittletzte Masche re stricken, abgehobene Masche überziehen. **Rückreihe:** viertletzte Masche abheben (Faden liegt vor der Arbeit), drittletzte Masche li stricken, abgehobene Masche überziehen.

Mütze
68 M. in Grün anschlagen u. 28 Reihen in 2 M. re, 2 M. li stricken. In Technik je 6 Reihen in Rot, Braun, Blau u. Grün stricken, mit 12 Reihen rot beenden; dabei in der 1. Reihe (rot) jede 17. M. markieren u. in jeder 2. Reihe beidseitig der markierten Masche 1 M. abnehmen. Restliche 20 M. mit dem Fadenende zusammenziehen u. vernähen. Naht schließen.

Fertigstellung

Jacke
Ärmel einsetzen, Nähte schließen. Aus dem Halsausschnitt 62 (70) M. in Rot aufnehmen u. 20 Reihen in 2 M. re, 2 M. li stricken. Maschen im Maschenrhythmus abketten.

Schnitt

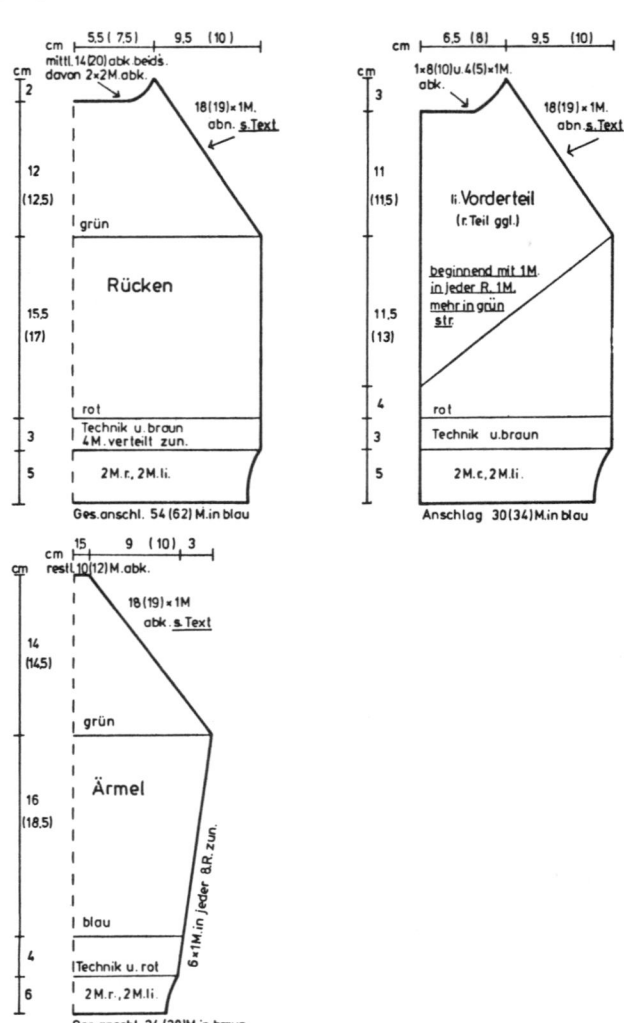

Rücken

cm | 5,5 (7,5) | 9,5 (10)
mittl.14(20) abk.beids.
davon 2×2M.abk.

cm
2

18(19)×1M.
abn. s.Text

12
(12,5)

grün

15,5
(17)

rot
Technik u.braun
4M.verteilt zun.

3

5

2M.r., 2M.li.

Ges.anschl. 54 (62) M.in blau

li.Vorderteil

cm | 6,5 (8) | 9,5 (10)
1×8(10)u.4(5)×1M.
abk.

cm
3

18(19)×1M.
abn. s.Text

11
(11,5)

li.Vorderteil
(r.Teil ggl.)

beginnend mit 1M.
in jeder R. 1M.
mehr in grün
str.

11,5
(13)

4

rot
Technik u.braun

3

5

2M.c,2M.li.

Anschlag 30(34)M.in blau

Ärmel

cm | 15 | 9 (10) | 3
restl.10(12)M.abk.

cm

18(19)×1M
abk. s.Text

14
(14,5)

grün

16
(18,5)

Ärmel

6×1M.in jeder 8.R. zun.

blau

4

Technik u. rot

6

2M.r., 2M.li.

Ges.anschl. 34 (38)M.in braun

Bewertung

Stricktechnik leicht, nur bei Raglanabnahmen für Anfänger eventuell Schwierigkeiten. Arbeitsweise leicht bis mittelschwer, dabei Farbwechsel im Vorderteil beachten. Sehr sorgfältige Arbeitsweise nötig, um die Arbeit schön und gleichmäßig zu bekommen.

46

Kapuzenjacke

(Abb. Seite 2, Modell links)

Körpergröße 116 (122—128) für 6—8 Jahre
Die Angaben für **Größe 122—128** stehen **in der Klammer**; steht nur
1 Zahl, gilt diese für beide Größen!

Material
Schoeller Wolle »terra« je 100 g in Rot (Fb. 03), Gelb (Fb. 90), Blau
(Fb. 68), Dunkelblau (Fb. 10), Grün (Fb. 89) und Natur (Fb. 13).
1 PERL-INOX-Wollhäkelnadel 6 mm.

Technik
Siehe Häkelschrift.

Streifeneinteilung
✳ je 1 Reihe rot, gelb, blau, dunkelblau, grün u. natur ✳.
Von ✳—✳ fortlaufend wiederholen.

Maschenprobe
11 Maschen/6 Reihen = 10 cm².

Arbeitsgang

Siehe Schnitt.
Für die **Taschenbeutel** jeweils 8 Luftm. + 3 Wendeluftm. in Rot
anschlagen u. 4 Reihen Stäbchen häkeln.

Kapuze: 41 Luftm. + 3 Wendeluftm. (= 1 Stäbchen) anschlagen u.
11 Reihen in Technik u. Streifenfolge häkeln. In den folgenden 2
letzten Reihen über die mittleren 8 Stäbchen feste M. arbeiten.

Häkelschrift

(Häkelschrift-Diagramm)	• = 1 Luftm.
	† = 1 Stb.
	⌡ = 1 Reliefstb. (= vorne um das Stb. der Vorreihe stechen u. wie ein Stb. beenden)

1.—4. Reihe fortlaufend wiederholen (1. Reihe = Rückreihe).

Fertigstellung

Schulternähte schließen, Ärmel einsetzen. Vordere Kanten einschließlich Halsausschnitt mit 1 Reihe feste M. in Rot umhäkeln.
Reißverschluß einsetzen. Taschenbeutel anheften. Rückwärtige

Kapuzennaht schließen. Unteren Kapuzenrand mit 1 Reihe feste M. in Rot umhäkeln. Kapuze am Halsausschnitt annähen.

Bewertung

Häkeltechnik leicht; Arbeitsweise leicht bis mittelschwer; kann von Anfängern mit etwas Geschick bewältigt werden.

Schnitt

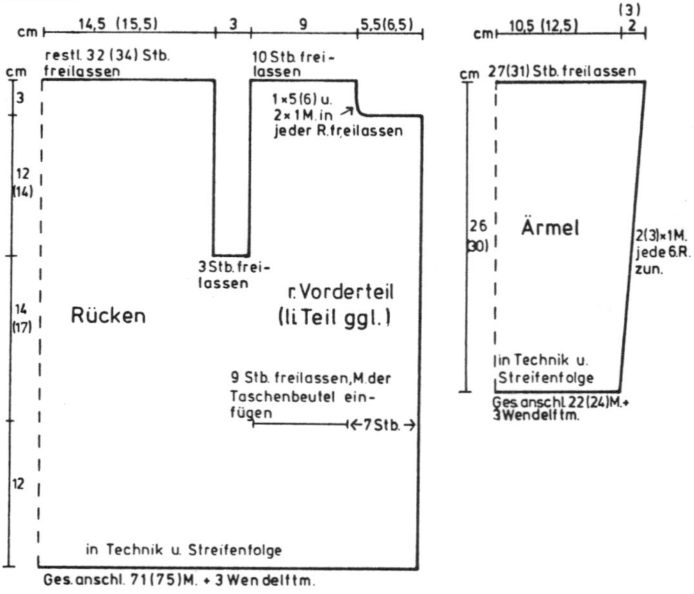

```
cm ├── 14,5 (15,5) ──┤ 3 │   9   │ 5,5(6,5) ┤        cm ├── 10,5 (12,5) ┤ (3)
                                                                          2
      restl.32 (34) Stb.        10 Stb.frei-        cm  27(31) Stb.freilassen
cm    freilassen                lassen
 3                                  1×5(6) u.
                                    2×1 M.in
                                    jeder R.freilassen
12
(14)
                                                   26     Ärmel           2(3)×1M.
                      3 Stb.frei-                  (30)                   jede 6.R.
                      lassen      r.Vorderteil                            zun.
14                               (li.Teil ggl.)
(17)  Rücken
                      9 Stb. freilassen,M.der
                      Taschenbeutel ein-                 in Technik u.
                      fügen                              Streifenfolge
                              ├←7 Stb.→                  Ges.anschl.22(24)M.+
                                                         3 Wendelf.t.m.
12

      in Technik u. Streifenfolge
Ges.anschl. 71(75)M. + 3 Wendelf.t.m.
```

❿ Jäckchen

(Abb. Farbtafel I, gegenüber Seite 32, Modell oben links)

Körpergröße 62

Material

Esslinger Wolle »cornelia« je 50 g weiß, hellgrün, rosé, hellblau und gelb. 1 PERL-INOX-Wollhäkelnadel 3½ mm, 15 cm lang.

Farbtafel III:
Links: Kinderpulli (Größe 146–152). Beschreibung auf Seite 75–76.
Rechts: Jacke (Größe 164). Beschreibung auf Seite 77–78.

48

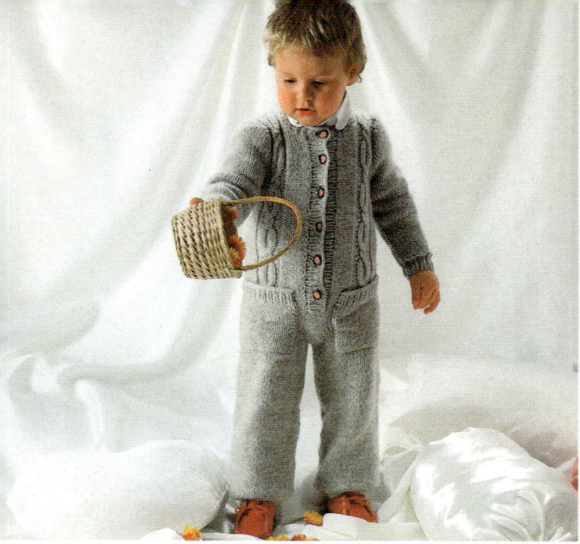
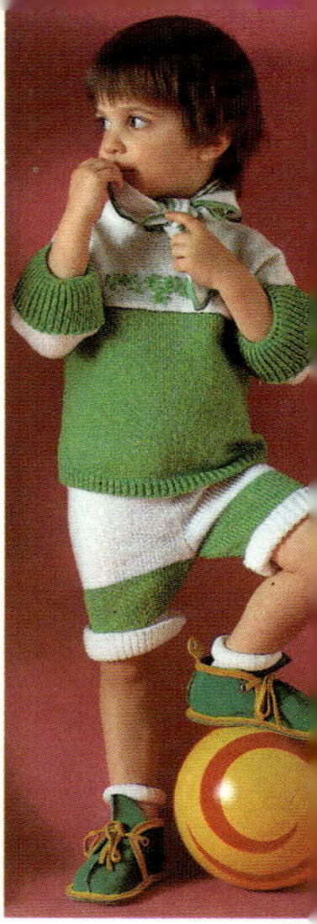
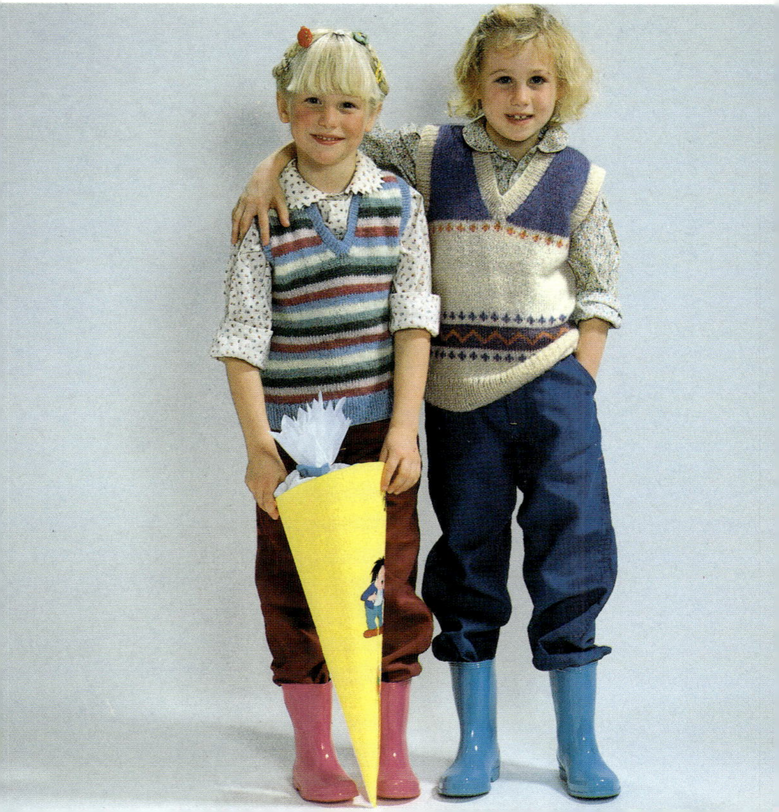

Technik

Siehe Häkelschrift.

Streifeneinteilung

✶ 1 Reihe weiß, 2 Reihen hellgrün, 1 Reihe weiß, 2 Reihen rosé, 1 Reihe weiß, 2 Reihen hellblau, 1 Reihe weiß, 2 Reihen gelb ✶. Von ✶–✶ wiederholen.

Maschenprobe

19 Maschen/1.–13. Reihe der Technik = 10 cm^2.

Arbeitsgang

Siehe Schnitt.

Fertigstellung

Nähte schließen. Alle Kanten in Weiß mit 1 Reihe feste M. umhäkeln; dabei die Armränder etwas einhalten. Den Halsausschnitt, den unteren Rand u. die Ärmelkanten in Weiß mit 2 weiteren Reihen wie folgt umhäkeln: **1. Reihe (Rückreihe):** ✶ 1 feste M., in die nächste feste M. der Vorreihe 1 feste M., 3 zus. abgemaschte Stäbchen u. 1 feste M. häkeln ✶. Von ✶–✶ wiederholen. **2. Reihe:** Auf jede Noppe der Vorreihe 1 feste M., dazwischen jeweils 1 Luftm. Für die Verschlußbänder 2 ca. 35 cm lange Kordeln (Fertiglänge) aus je 3 Fäden in Gelb drehen und am Halsausschnittrand befestigen.

Häkelschrift

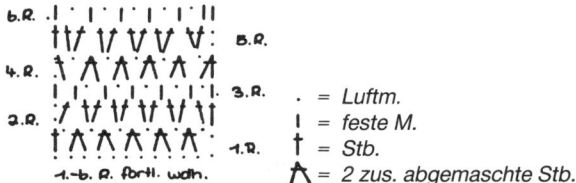

. = Luftm.
I = feste M.
† = Stb.
⋏ = 2 zus. abgemaschte Stb.

1.–6. Reihe fortlaufend wiederholen.

Bewertung

Häkeltechnik leicht; Arbeitsweise leicht bis mittelschwer.

Farbtafel IV:
Oben links: Anzug (Größe 80/86). Beschreibung auf Seite 85–86.
Oben rechts: Pulli und Hose (Größe 92–98). Beschreibung auf Seite 87 f.
Unten links: Bunter Ringel-Westover (Größe 116–122/128–134/140–146). Beschreibung auf Seite 91–92.
Unten rechts: Pullunder mit Jacquardstreifen (Größe 128/140–146/158–164). Beschreibung auf Seite 92–94.

Schnitt

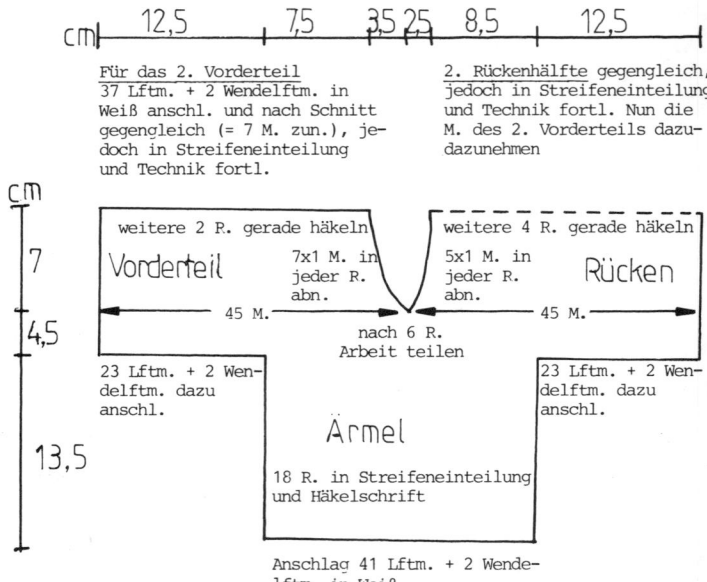

cm |— 12,5 —,— 7,5 —| 3,5 2,5 | 8,5 |— 12,5 —|

Für das 2. Vorderteil
37 Lftm. + 2 Wendelftm. in
Weiß anschl. und nach Schnitt
gegengleich (= 7 M. zun.), jedoch in Streifeneinteilung
und Technik fortl.

2. Rückenhälfte gegengleich,
jedoch in Streifeneinteilung
und Technik fortl. Nun die
M. des 2. Vorderteils dazu-
dazunehmen

cm

7

4,5

13,5

weitere 2 R. gerade häkeln

Vorderteil

7x1 M. in
jeder R.
abn.

45 M.

5x1 M. in
jeder R.
abn.

weitere 4 R. gerade häkeln

Rücken

45 M.

nach 6 R.
Arbeit teilen

23 Lftm. + 2 Wen-
delftm. dazu
anschl.

23 Lftm. + 2 Wen-
delftm. dazu
anschl.

Ärmel

18 R. in Streifeneinteilung
und Häkelschrift

Anschlag 41 Lftm. + 2 Wendelftm. in Weiß

❿ Jäckchen mit Mütze

(Abb. Farbtafel I, gegenüber Seite 32, Modell oben rechts)

Körpergröße 62

Material
Esslinger Wolle »cornelia« 100 g weiß u. Reste in Rosé, Hellblau,
Gelb u. Lindgrün. 1 INOX-Wollhäkelnadel 3½ mm, 15 cm lang.

Technik
Stäbchen.

Blütenmotive
Siehe Häkelschrift. Für Rücken u. Vorderteile insgesamt je 10
Motive mit gelben u. lindgrünen u. je 9 Motive mit hellblauen u. rosé
Noppen nach Häkelschrift arbeiten.

Seitenteil Mütze
Siehe Häkelschrift.

Maschenprobe
1 Motiv = 4,5×4,5 cm.

Maschenprobe – Technik
20 Stäbchen/11 Reihen = 10 cm².

Fertigstellung

Jäckchen
Motive nach Schnitt wie folgt zus.häkeln: * In die 1. M. des einen Motivs 1 feste M. häkeln, 1 Luftm., 1 feste M. in die 1. M. des zweiten Motivs häkeln, 1 Luftm. *. Von * bis * wiederholen. Für die Ärmelschlitze die oberen 2 Motive zwischen Vorderteil u. Rücken offen lassen. Motive an den Schultern ebenso zus.häkeln. Für den Ärmel aus dem Armausschnitt in Weiß 44 feste M. heraushäkeln u. 16 Reihen in Technik u. weitere 2 Reihen feste M. häkeln, dabei in der 1. Reihe feste M. verteilt 17 M. abnehmen. Als Umrandung noch 2 Reihen in Lindgrün wie folgt arbeiten: **1. Reihe (Rückreihe):** * 1 feste M., in die nächste feste M. der Vorreihe 1 feste M., 3 zus. abgemaschte Stäbchen, 1 feste M. *. Von *–* wiederholen. **2. Reihe:** * Auf die feste M. beidseitig der 3 zus. abgemaschten Stäbchen der Vorreihe je 1 feste M. häkeln, 1 Luftm. *. Von *–* wiederholen.
Ärmelnähte schließen. Alle übrigen Kanten in Weiß mit 4 Reihen feste M. umhäkeln, am Halsausschnitt jedoch die 3. Reihe in Stäbchen häkeln. Auf die letzte Reihe 1 Reihe Kettm. in Lindgrün häkeln. Aus 6 Fäden in Lindgrün eine ca. 90 cm lange Kordel (Fertiglänge) drehen u. in die Stäbchen-Reihe am Halsrand einziehen.

Mütze
Für das Mittelteil 24 Luftm. in Weiß anschlagen u. in Technik 19 Reihen häkeln. 2 Seitenteile nach Häkelschrift anfertigen, dabei an einem Teil die 1. Noppenreihe gelb und die 2. hellblau, am anderen Teil die 1. lindgrün u. die 2. rosé häkeln. Die Seitenteile mit 1 Reihe feste M. in Weiß umhäkeln, das Mittelteil beidseitig in Weiß mit 1 Reihe feste M. behäkeln, dabei die Seitenkanten auf ca. 15 cm einhalten. Nun das Mittelteil u. die Seitenteile mit 1 Reihe feste M. in Lindgrün von der rechten Seite (Außenseite) zusammenhäkeln. Den unteren Rand der Mütze (= Mittelteil u. ca. 4 cm der Seitenteile) in Lindgrün mit 1 Reihe feste M., 2 Reihen Stäbchen u. 1 Reihe feste M. behäkeln. Vordere Kanten in Lindgrün wie 1. Reihe der Ärmelumrandung arbeiten. Aus 6 Fäden in Weiß eine ca. 75 cm lange Kordel (Fertiglänge) drehen und im unteren Mützenrand einziehen.

Motivfolge – Schnitt

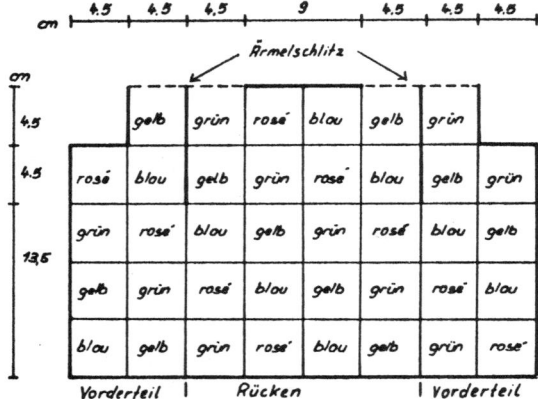

cm	4,5	4,5	4,5	9	4,5	4,5	4,5

Ärmelschlitz

cm								
4,5		gelb	grün	rosé	blau	gelb	grün	
4,5	rosé	blau	gelb	grün	rosé	blau	gelb	grün
13,5	grün	rosé	blau	gelb	grün	rosé	blau	gelb
	gelb	grün	rosé	blau	gelb	grün	rosé	blau
	blau	gelb	grün	rosé	blau	gelb	grün	rosé

Vorderteil | Rücken | Vorderteil

Häkelschrift:
Blütenmotiv für Jäckchen

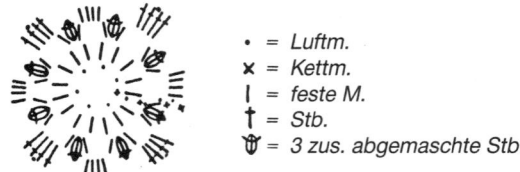

- • = Luftm.
- × = Kettm.
- I = feste M.
- † = Stb.
- ₩ = 3 zus. abgemaschte Stb.

Die 2. Runde (Noppenrunde) wird jeweils in der benötigten Farbe gehäkelt.

Häkelschrift für
Seitenteil Mütze

Bewertung

Häkeltechnik leicht bis mittelschwer; Arbeitsweise leicht. Auch für Anfänger mit etwas Geschick geeignet.

Kinderponcho in Patchworktechnik

(Abb. 28)

Größe 86—98 für 1—3 Jahre

Material
1 Wollhäkelnadel 3,5 mm, 1 Spiel Stricknadeln 3 mm; 150 g Farbe Nr. 1, 200 g Farbe Nr. 2.

Technik
Siehe Häkelschrift I, II, III, IV.
Größe eines Motivs ca. 5 cm × 5 cm.

Arbeitsgang

Arbeiten der Motive
Es sind zu häkeln:
52 Motive Häkelschrift I (innen Farbe Nr. 1, außen Farbe Nr. 2),
50 Motive Häkelschrift II (innen Farbe Nr. 2, außen Farbe Nr. 1),
8 halbe Motive Häkelschrift III (innen Farbe Nr. 2, außen Farbe Nr. 1),
4 halbe Motive Häkelschrift IV (innen Farbe Nr. 1, außen Farbe Nr. 2).

Beachte: Die halben Motive werden nicht in Runden, sondern in Reihen gearbeitet, auch wenn zu Beginn ein Luftmaschenring gebildet wird.
Erklärung der Häkelschriftsymbole auf Seite 30f.

Abb. 28: Kinderponcho in Patchworktechnik

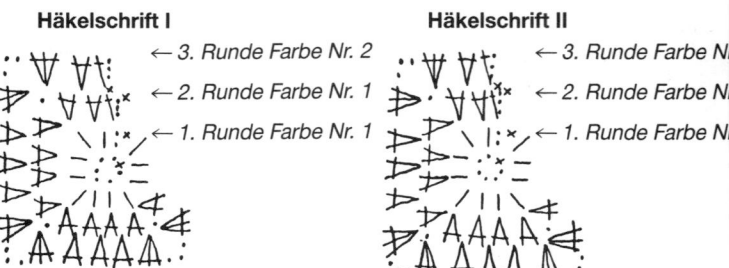

Häkelschrift I

← 3. Runde Farbe Nr. 2
← 2. Runde Farbe Nr. 1
← 1. Runde Farbe Nr. 1

Häkelschrift II

← 3. Runde Farbe Nr.
← 2. Runde Farbe Nr.
← 1. Runde Farbe Nr.

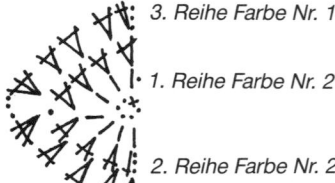

Häkelschrift III

3. Reihe Farbe Nr. 1

1. Reihe Farbe Nr. 2

2. Reihe Farbe Nr. 2

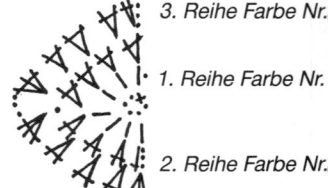

Häkelschrift IV

3. Reihe Farbe Nr.

1. Reihe Farbe Nr.

2. Reihe Farbe Nr.

Fertigstellung

Zusammensetzen der Motive

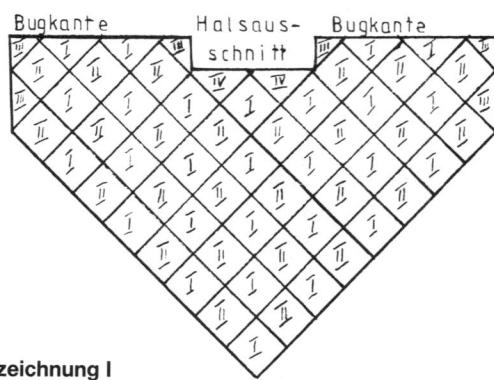

Schemazeichnung I

Die Motive werden, wie auf der Schemazeichnung I dargestellt, zusammengenäht. Die Nummern in der Zeichnung sind die Motivnummern. Zusammengenäht wird, wie auf Seite 24 beschrieben. Dabei werden immer nur die äußeren Maschenglieder eines Motivs aufgefaßt und mit den äußeren Maschengliedern des anderen Motivs im überwendlichen Stich verbunden.

54

Umrandung

Als Außenumrandung wird eine Reihe feste Maschen in Farbe Nr. 1 gehäkelt (siehe Schemazeichnung II).

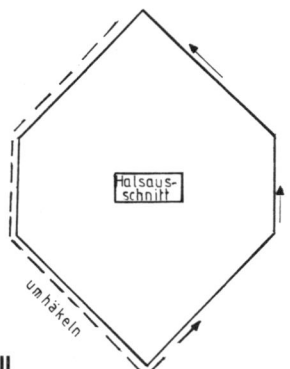

Schemazeichnung II

Stricken von Halsausschnitt- und Ärmelbündchen

Beim Halsausschnitt 90 Maschen mit einem Spiel Nadeln Stärke 3 mm aufnehmen, 1 M. re verschränkt, 1 M. li stricken. In dieser Weise 18 Runden stricken, locker abketten (Farbe Nr. 1). Bei den Ärmeln (halbe Motive an der Außenseite) 40 Maschen mit 3 Nadeln des Nadelspiels aufnehmen, in der Runde stricken wie beim Halsausschnitt, aber nur 15 Runden (Farbe Nr. 1).

Einknüpfen der Fransen

Entlang der Schrägseiten (siehe Schemazeichnung III) Fransen einknüpfen, wie auf Seite 26 beschrieben. Jeweils 2 Fäden für eine Franse verwenden (die fertige Franse hat dann 4 Fäden). Fransenlänge auf ca. 6 cm gleichmäßig zuschneiden.

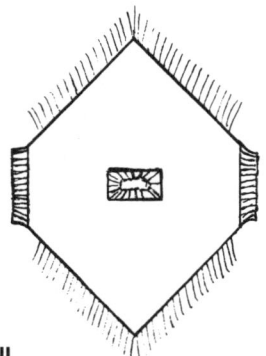

Schemazeichnung III

Bewertung

Musterfolge der einzelnen Motive ist leicht; die übrige Arbeitsweise, das heißt das Zusammennähen der Motive, erfordert zwar etwas Geduld, ist aber von der Technik her einfach; auch für Anfänger zu bewältigen.

Der Poncho kann ohne Schwierigkeiten (einfach größere Motive häkeln oder die Anzahl der Motive erhöhen) auch für ältere Kinder angefertigt werden.

⒣ Jacke

(Abb. Farbtafel I, gegenüber Seite 32, Modell unten links)

Körpergröße 68 (74—80)
Die Angaben für **Körpergröße 74—80** stehen **in der Klammer**; steht nur eine Zahl, gilt diese für beiden Größen.

Material
Esslinger Wolle »cornelia« 100 g orange (Fb. 34) und 1 Rest in Weiß.
1 PERL-INOX-Wollhäkelnadel 3,5 mm.

Technik
Siehe Häkelschrift.

Maschenprobe
2 Mustersätze = 9 cm/9 Reihen = 10 cm^2.

Häkelschrift

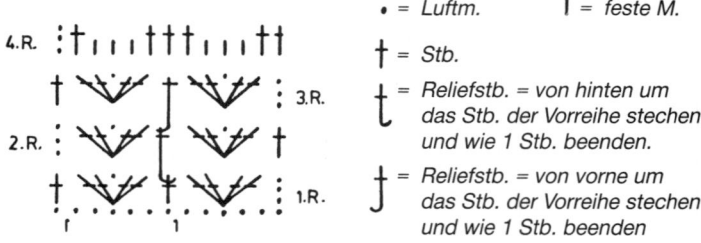

• = Luftm. | = feste M.

† = Stb.

⌊ = Reliefstb. = von hinten um das Stb. der Vorreihe stechen und wie 1 Stb. beenden.

⌐ = Reliefstb. = von vorne um das Stb. der Vorreihe stechen und wie 1 Stb. beenden

2. und 3. Reihe fortlaufend wiederholen!

Arbeitsgang

Der **Rücken** und die **Vorderteile** werden in einem Stück gehäkelt. Dafür 97 (109) Luftm. + 3 Wendeluftm. anschlagen u. in Technik

14,5 (16,5) cm häkeln. Nun mit der 4. Reihe laut Häkelschrift enden.

Für die **Ärmel** je 37 Luftm. + 3 Wendeluftm. anschlagen u. wie Vorder- u. Rückenteil beenden.

Nun in halben Stäbchen die Maschen wie folgt abhäkeln: 24 (27) M. re Vorderteil, 37 (43) M. re Ärmel, 48 (54) M. Rücken, 37 (43) M. li Ärmel u. 25 (28) M. li Vorderteil [= 171 (195) halbe Stäbchen].

Die **Passe** wie folgt häkeln: an den 4 Nähten je 1 halbes Stäbchen markieren. Beidseitig der markierten halben Stäbchen je 1 Reliefstäbchen arbeiten (in der Hinreihe von *vorne*, in der Rückreihe von *hinten* einstechen) und gleichzeitig vor bzw. nach den Reliefstäbchen 13× in jeder Reihe 2 halbe Stäbchen zus. abmaschen (= 8 Abnahmen pro Reihe).

Für den **vorderen Halsausschnitt** nach 11 Reihen halbe Stäbchen je 1×6, 1×2 u. 1×1 M. jede Reihe unbehäkelt stehenlassen.

Zum Schluß noch über alle M. des Halsausschnitts einschließlich Schulter 1 Reihe wie folgt häkeln: ✳ 2 halbe Stäbchen, 1 Luftm., 1 M. übergehen ✳. Von ✳–✳ wiederholen.

Fertigstellung

Ärmelnähte schließen. Ärmelkanten mit je 2 Reihen feste M. in Weiß umhäkeln. Restliche Kanten in Weiß wie folgt in Runden umhäkeln:

Halsausschnitt: 1. Runde: In jeden Luftm.-Bogen 3 Stäbchen und zwischen den 2 halben Stäbchen 1 feste M. häkeln; **2. Runde:** in das mittlere der 3 Stäbchen 1 feste M., 3 Luftm., 1 feste M. und auf die feste M. eine feste M. häkeln.

Vordere und untere Kante: 1. Runde: feste M.; **2. Runde:** ✳ in eine feste M. der Vorreihe 1 feste M., 3 Luftm., 1 feste M., 1 M. übergehen ✳. Von ✳–✳ wiederholen. Knöpfe annähen.

Bewertung

Häkeltechnik und Arbeitsweise leicht bis mittelschwer.

Häkelweste   **Ⓗ**

(Abb. Farbtafel I, gegenüber Seite 32, Modell ganz unten links)

Körpergröße 56—62 (68) 74

Die Angaben für **Körpergröße 68** stehen **in der Klammer**, für

Körpergröße 74 hinter der Klammer. Steht nur eine Zahl, gilt diese für alle Größen.

Material
Esslinger Wolle »cornelia« 50 (100) 100 g orange (Fb. 34) und 1 Rest weiß. 1 PERL-INOX-Wollhäkelnadel 3,5 mm.

Technik
Siehe Häkelschrift I.

Maschenprobe
23 Maschen/11 Reihen = 10 cm².

Arbeitsgang

Siehe Schnitt.

Fertigstellung

Alle Kanten mit 1 Reihe feste M. umhäkeln. Die vorderen Kanten einschließlich Halsausschnitt und die Armausschnittkanten zusätzlich noch mit 1 Reihe in Häkelschrift II umhäkeln. 2 Blumen nach Häkelschrift III arbeiten. Eine Kordel aus 2 Fäden von ca. 60 cm Fertiglänge drehen, durch die 2 vorderen Halsausschnittecken ziehen und die Blumen an den Enden der Kordel befestigen.

Häkelschrift I

3. und 4. Reihe fortlaufend wiederholen!

Häkelschrift II

Häkelschrift III

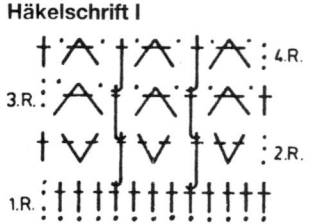

* = Luftm.   × = Kettm.

| = feste M.   † = Stb.   ‡ = Doppel-Stb.

⋀ = 2 zus. abgemaschte Stb.

ʃ = 1 Reliefstb. = von vorne um das Stb. der Vorreihe stechen u. wie 1 Stb. beenden

t = 1 Reliefstb. = von hinten um das Stb. der Vorreihe stechen u. wie 1 Stb. beenden

Schnitt

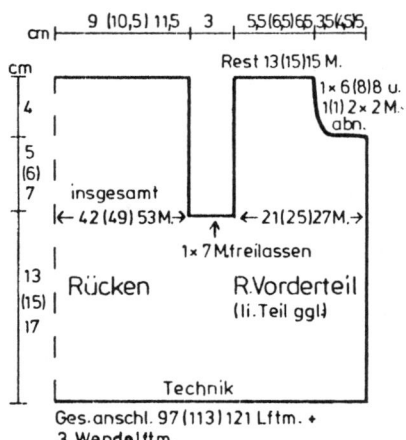

cm ┣─── 9 (10,5) 11,5 ── 3 ─ 5,5(6,5)6,5,3,5(4,5)5 ┫

cm

Rest 13(15)15 M.

4

1× 6 (8)8 u.
1(1) 2× 2 M.
abn.

5
(6)
7

insgesamt
┣← 42 (49) 53 M.→┫   ┣← 21(25)27 M.→┫

1× 7 M freilassen

13
(15)
17

Rücken   R.Vorderteil
              (li. Teil ggl.)

Technik

Ges. anschl. 97 (113) 121 Lftm. +
3 Wendelftm.

Bewertung

Häkeltechnik leicht bis mittelschwer; Arbeitsweise leicht. Das Modell ist auch für Anfänger geeignet.

Babyjäckchen mit Schühchen, Fäustlingen und Mütze Ⓗ

(Abb. Farbtafel I, gegenüber Seite 32, Modell unten rechts)

Körpergröße 74 (80)
Angaben für **Größe 80** stehen **in Klammern**, steht nur eine Zahl, gilt diese für beide Größen.

Material
Esslinger Wolle »cornelia« 150 g orange (Fb. 34) u. 50 g weiß (Fb. 01). 1 PERL-INOX-Wollhäkelnadel 3,5 mm.

Technik I
Stäbchen.

Technik II
Siehe Häkelschrift I.

Umrandung
Siehe Häkelschrift II.

Maschenprobe – Technik I
19 Stäbchen/10 Reihen = 10 cm².

Häkelschrift I

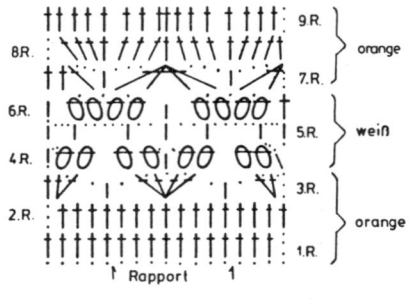

Häkelschrift II

weiß

Schnitt

• = 1 Luftm.
I = feste M.
† = Stb.
◯ = 2 zus. abgemaschte Stb. (in 1 Einstich
⋀ = 4 zus. abgemaschte Stb.

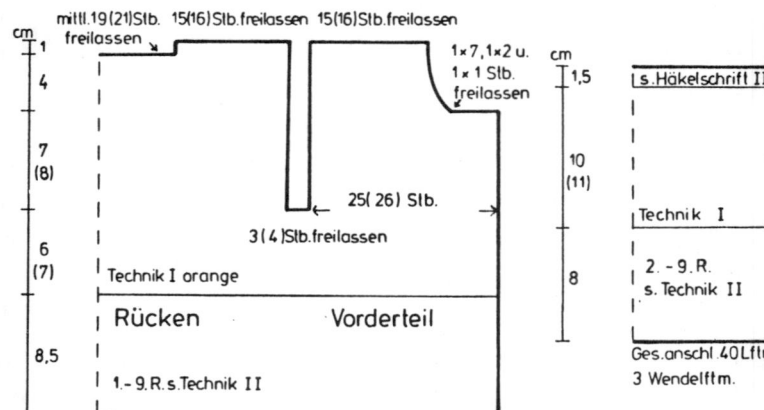

Arbeitsgang

Jacke

Siehe Schnitt.

Schühchen

11 Luftm. in Orange häkeln. **1. Runde:** Rund um die Luftm.-Kette Stäbchen häkeln; dabei in die 1. u. letzte Luftm. 5 Stäbchen arbeiten.

2. Runde: In jedes Stäbchen der Vorrunde 1 Stäbchen, in die 5 Stäbchen der Rundung jeweils 2 Stäbchen arbeiten. **3. Runde:** In jedes Stäbchen der Vorrunde 1 feste M., an Ferse u. Spitze auf die mittleren 2 Stäbchen je 2 feste M. arbeiten. **4. Runde:** Stäbchen nur ins *hintere* Maschenglied einstechen. **5. Runde:** Stäbchen. Für die Ferse über 21 M. noch 2 Reihen Stäbchen arbeiten. Nun für das Ristriemchen 14 Luftm. dazu anschlagen, die ersten 4 Luftm. für die Verschlußschlaufe freilassen, über die 5.–14. Luftm. feste M. häkeln u. noch eine Reihe feste M. über die Ferse arbeiten.

Über die mittleren vorderen 17 M. für das Fußblatt in Orange 1 Reihe wie folgt häkeln: 2 feste M., 1 M. übergehen, 1 halbes Stäbchen, 1 M. übergehen, 1 Stäbchen, 2 M. übergehen, 1 Stäbchen, 2 M. übergehen, 1 Stäbchen, 1 M. übergehen, 1 halbes Stäbchen, 1 M. übergehen, 2 feste M. Nun 1 Rapport (Technik II) die 4.–7. Reihe häkeln. Um die obere Kante des Fußblattes u. der Technik II in Orange feste M. häkeln (siehe Abb.). Knöpfe annähen.

Fäustlinge

26 Luftm. in Orange anschlagen u. mit 1 Kettm. zur Runde schließen. 4 Runden Stäbchen häkeln. Über die mittleren 8 M. für die Oberfläche des Handschuhs in Häkelschrift I die 3.–9. Reihe häkeln; über die restlichen Maschen weiterhin Stäbchen häkeln. Obere Kante mit festen M. zus.häkeln. Die Stulpe nach Häkelschrift II umhäkeln. In Orange eine Kordel aus 2 Fäden von ca. 50 cm Fertiglänge drehen u. durch die 3. Stäbchen-Runde ziehen.

Mütze

In Orange 72 Luftm. anschlagen u. mit 1 Kettm. zur Runde schließen; 9 Runden Stäbchen häkeln. Weiter in Häkelschrift I 2.–9. Reihe arbeiten, dabei in der 8. Runde 10 Stäbchen verteilt abnehmen.
In den folgenden Runden wie folgt abnehmen: **1. Runde:** 7× jedes 7. u. 8. Stäbchen zus. abmaschen; **2. Runde:** 7× jedes 5.–7. Stäbchen zus. abmaschen; **3. Runde:** 7× jedes 3.–5. Stäbchen zus. abmaschen; **4. Runde:** 8× je 3 Stäbchen zus. abmaschen. Restliche M. mit einem Faden fest zusammenziehen u. vernähen.

Fertigstellung

Jacke

Nähte schließen. Ärmel mit festen M. einhäkeln. Vordere Kanten einschließlich Halsausschnitt nach Häkelschrift II umhäkeln. In Orange eine Kordel aus 4 Fäden von ca. 90 cm Fertiglänge drehen u. in die Umrandung des Halsausschnittes einziehen.

Mütze

1 Pompon in Weiß arbeiten u. an der Mütze festnähen.

Bewertung

Häkeltechnik und Arbeitsweise mittelschwer. Das Modell erfordert Übung und Geschick.

⊕ Taufkleid

(Abb. Farbtafel II, gegenüber Seite 33, Modell oben)

Material

Esslinger Wolle »cornelia« 300 g gelb (Fb. 03).
1 PERL-INOX-Wollhäkelnadel 3 u. 3½ mm, 15 cm lang.

Technik I
Stäbchen.

Technik II
Siehe Häkelschrift.

Maschenprobe – Technik I
20 Stäbchen/10 Reihen = 10 cm².

Maschenprobe – Technik II
2 Mustersätze in der Breite = 11 cm;
2 Mustersätze (= 6 Reihen) in der Höhe = 9 cm.

Arbeitsgang

Oberteil siehe Schnitt.

Für die **Ärmel** je 30 Luftm. + 2 Wendeluftm. anschlagen. **1. Reihe:** Stäbchen; **2. Reihe:** Verteilt 21 Stb. zunehmen (= 52 Stb.). Für die Armkugel beidseitig ab der 3. Reihe 1×4, 1×3, 3×2 u. 1×4 Stb. abnehmen. Mit Nadel 3½ mm aus dem Luftm.-Anschlag des Oberteils 15 Mustersätze in Technik II (siehe Häkelschrift) für das Unterteil heraushäkeln u. 39 Reihen arbeiten.

Fertigstellung

Ärmel einsetzen. Die gesamte Umrandung mit 1 Reihe feste M. umhäkeln; dabei am li. Rückenteil 3 Knopflochschlingen einarbeiten. Den Halsausschnitt noch mit 1 Reihe Pikots (= ✱ 1 feste M., 3 Luftm., auf die 1. Luftm. 1 feste M. häkeln ✱. Von ✱–✱ wiederholen.) behäkeln. Knöpfe annähen.

Schnitt

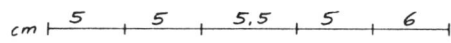

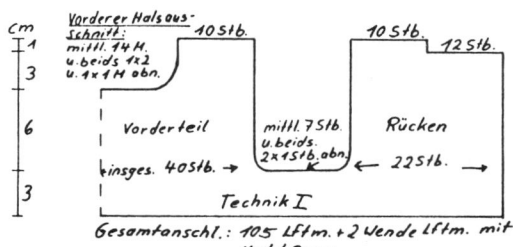

Gesamtanschl.: 105 Lftm. + 2 Wende Lftm. mit Nadel 3 mm

Technik II

*An dieser Stelle ab der 16. R.
3 Reliefstb. u. ab der 28. R.
4 Reliefstb. häkeln.*

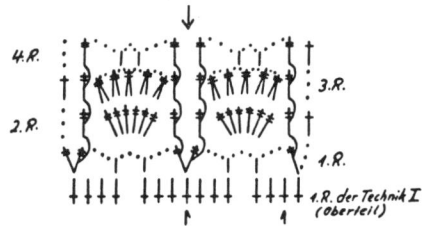

2.–4. Reihe fortlaufend wiederholen.

・ = Lftm.   † = Stb.   I = feste M.   ✝ = Doppelstb.

} = 1 Doppelstb. als Reliefstb. häkeln,
d. h. in der Hinr. von vorne u. in der
Rückr. von hinten um das Stb. der
Vorreihe stechen

⋀ = 2 zus. abgemaschte
Doppelstb.

Bewertung

Häkeltechnik mittelschwer; Arbeitsweise leicht.

Kinderanzug, Weste und Mütze   **ⓢ**

(Abb. Farbtafel II, gegenüber Seite 33, Modell unten links)

Körpergröße 68 (74)
Die Angaben für **Körpergröße 74** stehen **in der Klammer;** steht nur
eine Zahl, gilt diese für beide Größen!

Material
Esslinger Wolle »fingertip« je 150 g weiß (Fb. 01) und hellblau (Fb. 13). 1 Paar PERL-INOX-Tric-Schnellstricknadeln 3 mm und 1 PERL-INOX-Wollhäkelnadel 3 mm.

Technik
2 Maschen links, 2 Maschen rechts im Wechsel.

Streifenfolge
je 8 Reihen hellblau und weiß im Wechsel stricken.

Maschenprobe (ungedehnt)
46 Maschen/37 Reihen = 10 cm^2.

Arbeitsgang

Anzug und Weste
Siehe Schnitt.
Maschen immer im Maschenrhythmus abketten.

Mütze
112 (122) M. in Weiß anschlagen, 8 Reihen stricken und weiter in Streifenfolge arbeiten. Nach 21,5 cm die Mütze in Blau beenden; dabei 2× in jeder 2. Reihe fortlaufend 2 M. zus.stricken. Nun die restlichen M. mit dem Fadenende fest zus.ziehen und vernähen. Naht schließen. 1 großen Pompon in Weiß anfertigen und annähen.

Schnitt

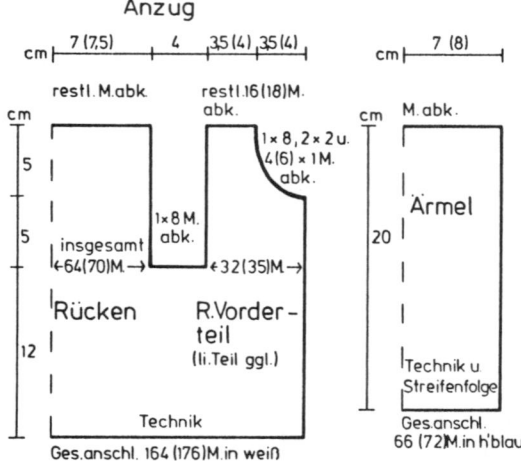

64

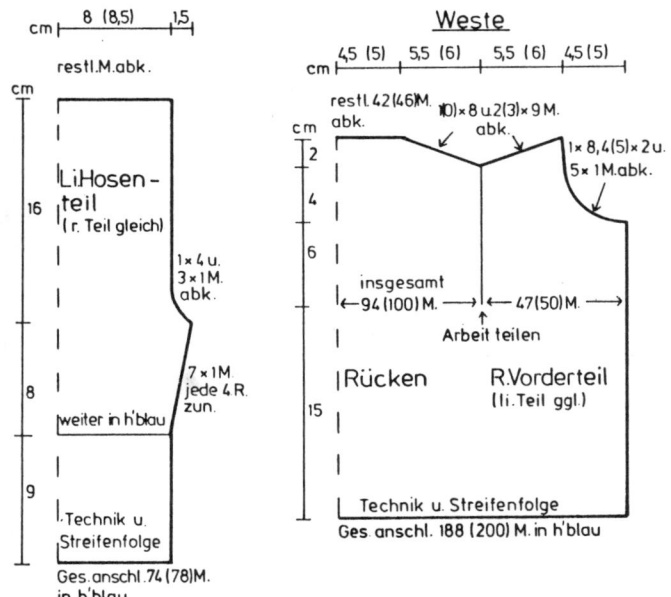

Weste

LiHosenteil (r. Teil gleich)

cm 8 (8,5) 1,5

restl.M.abk.

1×4 u. 3×1 M. abk.

7×1M. jede 4R. zun.

weiter in h'blau

Technik u. Streifenfolge

Ges.anschl.74 (78)M. in h'blau

cm 4,5 (5) 5,5 (6) 5,5 (6) 4,5 (5)

restl.42(46)M. abk.

10)×8 u.2(3)×9 M. abk.

1×8,4(5)×2 u. 5×1M.abk.

insgesamt ←94 (100) M.→ ←47(50)M.→

Arbeit teilen

Rücken

R.Vorderteil (li.Teil ggl.)

Technik u. Streifenfolge

Ges. anschl. 188 (200) M. in h'blau

Fertigstellung

Anzug

Ärmelnähte bis auf die oberen 2 cm schließen und einsetzen. Vordere Kanten einschließlich Halsausschnitt mit 1 Reihe feste M. in Weiß umhäkeln. Hosennähte bis auf die vorderen 11 cm für den Reißverschluß schließen. Das Oberteil von innen an die Hose nähen; dabei als Schößchen 4 cm überstehen lassen (siehe Abb.). Eine Kordel in Blau aus 4 Fäden von 80 cm Fertiglänge drehen und in Schößchenhöhe durchziehen.

Weste

Vordere Kanten einschließlich Halsausschnitt in Hellblau mit 5 Reihen feste M. umhäkeln; dabei an der Ecke zwischen vorderer Kante und Halsausschnitt 1 M. markieren und in jeder Reihe in diese M. 3× einstechen. An der re vorderen Kante in der 3. Reihe **4 Knopflöcher** im Abstand von ca. 4,5 cm über 2 M. einarbeiten. 1 Knopfloch 4 M. vom unteren Rand entfernt. Die Armausschnitte mit 3 Reihen feste M. in Hellblau umhäkeln. Knöpfe annähen.

Bewertung

Stricktechnik leicht; Arbeitsweise leicht bis mittelschwer. Bei Farbwechsel sorgfältig arbeiten.

❺ Besticktes Trachtenröckchen

(Abb. 29)

Größe 86—92 für 1—2 Jahre

Material
Wolle für Nadelstärke 3,5 mm, 100 g grau, 50 g dunkelgrün; Wollreste rosé, weiß, blau; 1 Rundstricknadel 3,5 mm, 50 cm lang, 2 Knöpfe.

Maschenprobe
22 Maschen/32 Reihen = 10 cm².

(Vor Beginn der Arbeit bitte immer Maschenprobe anfertigen!)

Schnitt

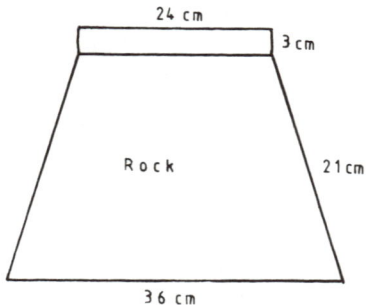

Arbeitsgang

Röckchen
Maschenanschlag 105 M., Farbe Grau, 8 Runden elastische Fläche (1 M. re, 1 M. li im Wechsel; in den folgenden Runden Maschen stricken, wie sie erscheinen); grüne Farbe 1 Runde re, 1 Runde li; graue Farbe 6 Runden re. In der folgenden Runde jeweils vor und nach der 1., der 22., der 43., der 64., der 85. Masche 1 M. re verschränkt aufnehmen (neue Maschenzahl 115 M.). 16. Runde re str.; in der folgenden Runde abermals vor und nach den gleichen Maschen wie zuvor jeweils 1 M. re verschränkt aufnehmen (neue Maschenzahl 125 M.). 16 Runden stricken; wieder eine Aufnehmrunde; 16 Runden stricken, wieder eine Aufnehmrunde; 6 Runden re stricken. Grüne Farbe 1 Runde re, 1 Runde li. Graue Farbe 1 Runde re; in der folgenden Runde verteilt wie oben 10. M.

aufnehmen (neue Maschenzahl 155 M.). 7 Runden re stricken. Grüne Farbe 1 Runde re, 1 Runde li. Graue Farbe 11 Runden re; locker abketten.

Träger

2 Träger in grauer Wolle häkeln; jeweils Anschlag 8 M. Technik: 1 M. re, 1 M. li im Wechsel (wie Bund). Nach 43 cm jeweils in jeden Träger ein Knopfloch über 2 M. einarbeiten.

Abb. 29: Besticktes Trachtenröckchen

Fertigstellung

Röckchen

Fäden vernähen. Unteren Rand des Röckchens umschlagen, locker innen an den grünen Rand nähen. Oberkante und Unterkante des Röckchens mit grüner Wolle umhäkeln; dabei ✽ in jede 2. M. einstechen, 1 feste M., 1 Luftm. häkeln. Von ✽ ab fortlaufend wiederholen. Borte wie auf Abbildung besticken. Fäden vernähen.

Träger

Wie Röckchen umhäkeln; an der inneren Seite des Röckchens annähen. Auf der Vorderseite des Röckchens, wie auf Abbildung 29 ersichtlich, zwei Knöpfe annähen.

Bewertung

Leicht, für Anfänger gut geeignet.

⑤ Pulli mit Rückenverschluß und bestickter Passe

(Abb. Farbtafel II, gegenüber Seite 33, Modell ganz unten rechts)

Körpergröße 68

Material
Esslinger Wolle »cornelia«, je 50 g weiß (Fb. 01) und lachs (Fb. 05). Je 1 Paar PERL-INOX-Tric-Schnellstricknadeln 2,5 und 3 mm, 1 PERL-INOX-Wollhäkelnadel 3 mm.

Technik I
Rippen = Hin- u. Rückreihen rechts stricken.
1 Rippe = 2 Reihen.

Technik II
Glatt rechts = Hinreihen rechts, Rückreihen links stricken.

Maschenprobe – Technik II
25 Maschen/34 Reihen = 10 cm².

Arbeitsgang

Siehe Schnitt. Beim Einstricken der farbigen Passe mit mehreren Knäuel arbeiten; dabei beim Farbwechsel die Fäden verkreuzen, damit kein Loch entsteht!

Fertigstellung

Nähte schließen, Ärmel einsetzen. Aus dem Halsausschnitt in Lachs 64 M. aufnehmen u. in Technik I mit Nadeln 2,5 mm 4 Rippen stricken; M. abketten. Rückwärtige Kanten mit 3 Reihen feste M. in Weiß behäkeln; dabei am li Rückenteil in der 2. Reihe 4 Knopflöcher im Abstand von 10 festen M. über 2 M. einarbeiten (= 2 feste M. mit 2 Luftm. übergehen); 1. Knopfloch ca. 8 cm von der unteren Kante entfernt. Knöpfe annähen.
Die lachsfarbene Passenkante mit Blüten im Kettenstich so besticken, daß 3 Blättchen in Weiß auf das lachsfarbene Teil u. 3 Blättchen auf das weiße Teil kommen. In die Mitte einen Knötchenstich in Weiß sticken (siehe Abb.).

Schnitt

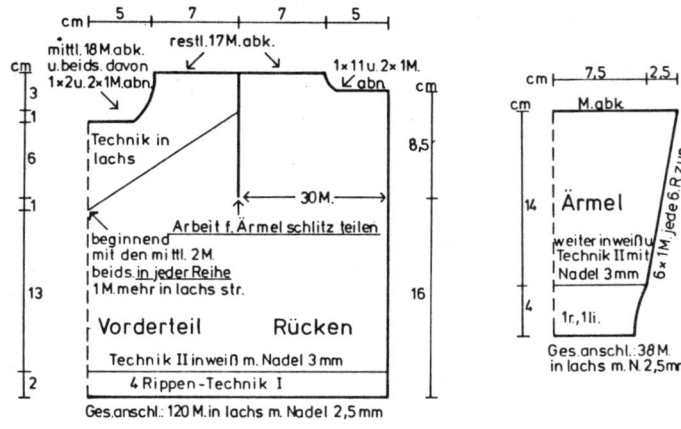

cm |—5—|—7—|—7—|—5—|

cm **mittl.18M.abk.** **restl.17M.abk.**
u.beids.davon
3 1×2u.2×1M.abn. 1×11u.2×1M. cm
K abn.
1×2u.2×1M.abn. K abn.

1
Technik in
6 lachs 8,5

1
Arbeit f.Ärmel schlitz teilen
beginnend ←——30M.——→
mit den mittl. 2M.
beids. in jeder Reihe
13 1M.mehr in lachs str. 16

Vorderteil   Rücken

Technik II in weiß m.Nadel 3mm
2 4 Rippen-Technik I

Ges.anschl.: 120 M. in lachs m. Nadel 2,5mm

cm |—7,5—|—2,5—|

cm **M.abk.**

14 Ärmel 6×1M. jede 6.R.zun.

weiter in weiß
Technik II mit
Nadel 3mm

4 1r,1li.

Ges.anschl.: 38 M.
in lachs m. N. 2,5mm

Bewertung

Stricktechnik leicht bis mittelschwer. Beim Verkreuzen der Fäden beim Farbwechsel darauf achten, daß keine Löcher entstehen. Arbeitsweise leicht bis mittelschwer.

Babypulli   Ⓢ

(Abb. Farbtafel II, gegenüber Seite 33, Modell unten rechts)

Körpergröße 62 (68) 74
Die Angaben für **Körpergröße 68** stehen **in der Klammer,** für **Körpergröße 74 hinter der Klammer.** Steht nur eine Zahl, so gilt diese für alle Größen!

Material
Esslinger Wolle »cornelia« 50 g lachs (Fb. 05). Je 1 Paar PERL-INOX-Tric-Schnellstricknadeln 3 und 3,5 mm.

Technik
Siehe Strickschrift.

Maschenprobe
24 Maschen/36 Reihen = 10 cm².

Arbeitsgang

Siehe Schnitt.

Fertigstellung

Seitennähte in Bündchenhöhe schließen. Schulternähte schließen. Alle Ausschnittkanten mit je 1 Reihe feste M. und 1 Reihe Pikots (= ✳ 1 feste M. in eine feste M. der Vorreihe, 3 Luftm., 1 feste M. in die 1. Luftm., 1 M. übergehen ✳. Von ✳–✳ wiederholen.) behäkeln.

Strickschrift

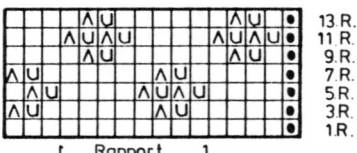

□ = rechte M.   Λ = 2 M. rechts zus.stricken

Ս = 1 Umschlag   • = Randm.

In den Rückreihen alle Maschen und Umschläge links stricken. 3.–14. Reihe fortlaufend wiederholen.

Schnitt

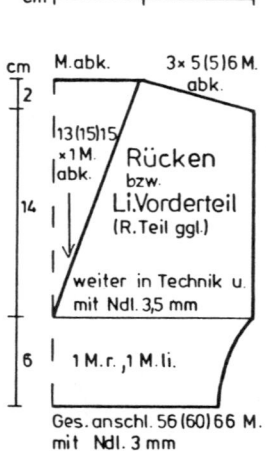

Bewertung

Stricktechnik leicht bis mittelschwer; Arbeitsweise leicht.

Islandpullover mit Rundpasse

(Abb. 30)

Größe 152–158 für 12 Jahre

Material

Wolle (Lauflänge ca. 80 m auf 100g) für Nadelstärke 7 mm, 600 g dunkelbraun, 200 g hellbraun, 100 g weiß; 1 Paar PERL-INOX-Tric-Schnellstricknadeln 7 mm, 1 PERL-INOX-Rundstricknadel 7 mm, 100 cm lang, 1 PERL-INOX-Rundstricknadel 7 mm, 50 cm lang.

Technik

Grundmuster: Glatt rechts = Hinreihen rechts, Rückreihen links stricken; in der Runde nur rechts stricken.
Bundmuster: Elastische Fläche = 2 Maschen rechts, 2 Maschen links im Wechsel stricken; in der folgenden Reihe die Maschen stricken, wie sie erscheinen.
Einstrickmuster über den Bündchen: siehe Werkzeichnung I.
Passenmuster: siehe Werkzeichnung II.

Beachte: Beim Einstrickmuster Faden, der gerade nicht gebraucht wird, locker mitführen; beim Übergehen von mehr als 4 M. Faden auf der Rückseite einhängen. Es sind Hin- und Rückreihen gezeichnet.

Abb. 30: Islandpullover mit Rundpasse

Maschenprobe
11 Maschen/17 Reihen = 10 cm^2.
(Bitte immer Maschenprobe anfertigen.)

Arbeitsgang

Siehe Schnitt.

Vorderteil bzw. Rücken
werden mit Rundstricknadel 100 cm gestrickt. Anschlag 80 M., 4 cm
im Bundmuster stricken, dunkelbraun; dann 1 Runde re; dabei
verteilt 4 M. re verschränkt aufnehmen = 84 M.; 5 cm Einstrickmuster nach Werkzeichnung I stricken.

Werkzeichnung I

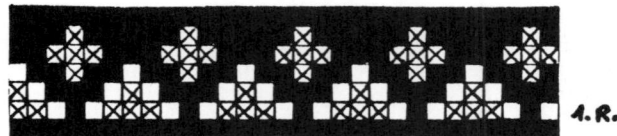

Farbvorschläge:

■ = *dunkelbraun*   ⊠ = *hellbraun*   □ = *weiß*

Werkzeichnung II

72

Nach Einstrickmuster 25 cm in Dunkelbraun stricken, Nadel still-legen.

Ärmel

Mit den Schnellstricknadeln in Dunkelbraun 20 M. anschlagen. 4 cm im Bundmuster stricken, dann 1 Reihe re; dabei verteilt 4 M. re verschränkt aufnehmen. 5 cm Einstrickmuster nach Werkzeichnung I stricken. Nach Einstrickmuster 27 cm in Dunkelbraun stricken, dabei 8mal beidseitig je 1 M. re verschränkt aufnehmen = 40 M. Zweiten Ärmel ebenso stricken.

Schnitt

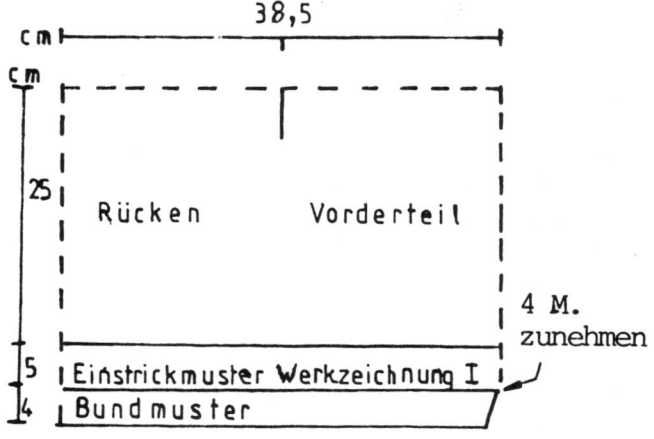

Anschlag 80 M.

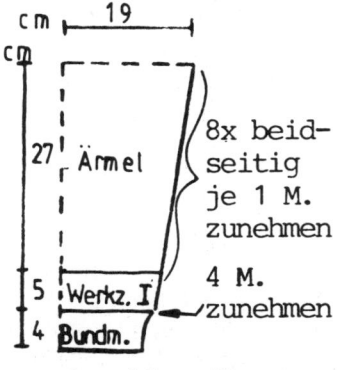

Anschlag 20 M.

73

Abb. 31: Musterausschnitt Passenmuster

Fertigstellung

Nach Anfertigung aller Teile die Maschen für die Passe wie folgt auf die Rundstricknadel nehmen:

36 M. des Vorderteiles, dann 6 M. des Vorderteiles mit 6 M. des Ärmels (den 3 letzten und den 3 ersten Maschen auf der Nadel) zusammenstricken und abketten (siehe Abb. 15 und 16). Die letzte Abkettmasche zu den 36 M. auf die Rundstricknadel heben; 1 M. re. verschränkt aus dem folgenden Maschenklang aufnehmen; 34 Maschen vom Ärmel auf die Rundstricknadel stricken; 1 M. aus dem Zwischenklang re verschränkt aufnehmen; 36 M. vom Rückenteil auf die Rundstricknadel stricken; 6 M. des Rückenteils mit 6 M. des zweiten Ärmels (den drei letzten und den 3 ersten Maschen auf der Nadel) zusammenstricken und abketten. Letzte Abkettmasche zu den übrigen M. auf der Rundstricknadel heben; 34 M. des Ärmels auf die Rundstricknadel stricken.

Alle Maschen = 144 M. befinden sich nun auf der Rundstricknadel. Eine Runde stricken, dabei an den Stellen, an denen Ärmel und Vorder- bzw. Rückenteil zusammenstoßen, jeweils 2×2 M. re zus.stricken = 136 Maschen. Das ergibt 17 Mustersätze.

Arbeiten der Passe

8 Runden im Passenmuster (= Werkzeichnung II) stricken. In der 9. Runde in jedem Mustersatz einmal 2 M. re zus.stricken. Neue Maschenzahl = 119 M. Passenmuster weiterstricken. In der 13. Runde jede 5. und 6. Masche re zus.stricken – ergibt 96 Maschen. Passenmuster weiterstricken. In der 18. Runde jede 3. und 4. M.

zus.stricken – ergibt 68 Maschen. Passenmuster weiterstricken. In der 22. Runde jede 2. und 3. M. re zus.stricken – ergibt 44 Maschen. Noch 6 Runden in Dunkelbraun im Bundmuster stricken (nach Belieben kann auch ein Rollkragen gestrickt werden, dann noch 20 Runden dazu); mit Rundstricknadel 50 cm lang stricken, abketten, Fäden vernähen, Ärmelnähte schließen.

Bewertung

Stricktechnik mittelschwer; Arbeitsweise mittelschwer. Achtung: Fäden, die gerade nicht gebraucht werden, locker mitführen, sonst zieht sich das Muster zusammen.

Kinderpulli Ⓢ

(Abb. Farbtafel III, gegenüber Seite 48, Modell links)

Körpergröße 146–152 für 11–12 Jahre

Material
Esslinger Wolle »geisha« 150 g beige (Fb. 55), 100 g braun (Fb. 90) u. 50 g dunkelbraun (Fb. 46). 1 Paar PERL-INOX-Tric-Schnellstricknadeln 4 mm, 35 cm lang, 1 PERL-INOX-Rundstricknadel 4 mm, 60 cm lang.

Technik I
Glatt rechts = Hinreihen rechts, Rückreihen links stricken.

Technik II
Rippen = Hin- u. Rückreihen rechts stricken.
1 Rippe = 2 Reihen.

Maschenprobe – Technik I
16 Maschen/20 Reihen = 10 cm².

Arbeitsgang

Siehe Schnitt und Musterstreifen.

Fertigstellung

Schulternähte schließen. Ärmel einnähen. Ärmel- u. Seitennähte schließen.
Für den **Kragen** aus dem Halsausschnitt (in der Spitze beginnen) 92 M. in Braun aufnehmen u. 1 Runde re, 1 Runde li stricken.

Nun die Arbeit in der Spitze teilen u. noch weitere 24 Reihen jede Reihe re stricken; dabei am Anfang u. Ende jeder 2. Reihe 2 M. zus.stricken. M. abketten.

Schnitt

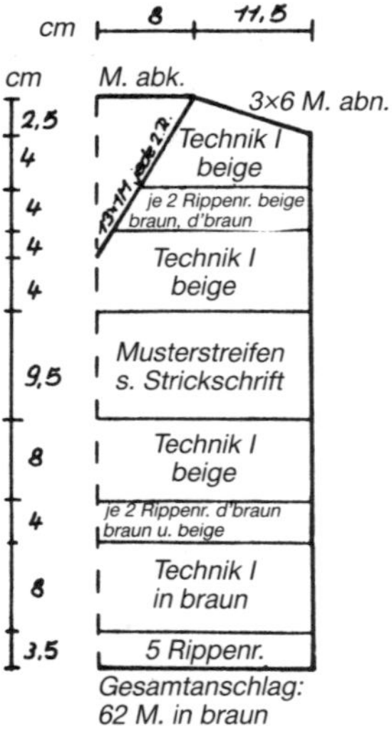

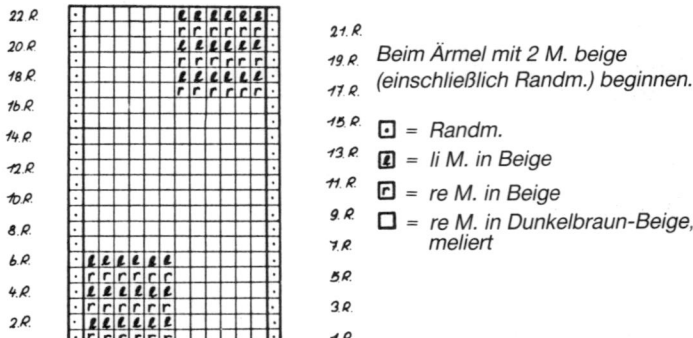

cm | 8 | 11,5

cm — M. abk.

3×6 M. abn.

2,5
4 — Technik I / beige
4 — *DM 1,5 ab 12*
4 — je 2 Rippenr. beige braun, d'braun
4 — Technik I / beige
9,5 — Musterstreifen s. Strickschrift
8 — Technik I / beige
4 — je 2 Rippenr. d'braun braun u. beige
8 — Technik I in braun
3,5 — 5 Rippenr.

Gesamtanschlag: 62 M. in braun

Rücken- u. Vorderteil

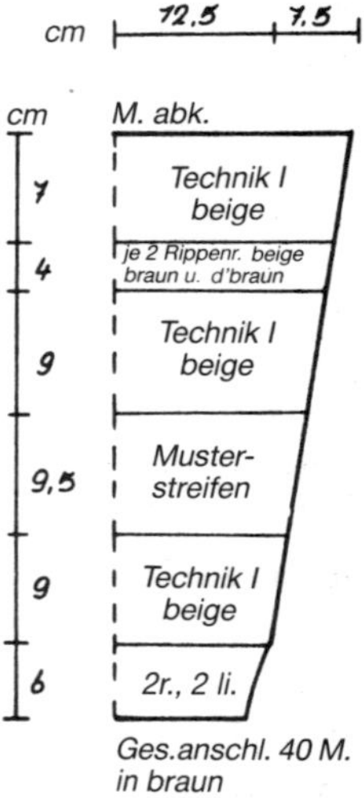

cm | 12,5 | 7,5

cm — M. abk.

7 — Technik I / beige
4 — je 2 Rippenr. beige braun u. d'braun
9 — Technik I / beige
9,5 — Muster-streifen
9 — Technik I / beige
6 — 2r., 2 li.

Ges.anschl. 40 M. in braun

Ärmel

Musterstreifen

21. R.
19. R. — Beim Ärmel mit 2 M. beige
17. R. — (einschließlich Randm.) beginnen.
15. R.
13. R. ⊡ = Randm.
11. R. ⊞ = li M. in Beige
9. R. ⊡ = re M. in Beige
7. R.
5. R. ☐ = re M. in Dunkelbraun-Beige,
3. R. meliert
1. R.

22. R. 20. R. 18. R. 16. R. 14. R. 12. R. 10. R. 8. R. 6. R. 4. R. 2. R.

Rapport

Bewertung

Stricktechnik mittelschwer. Besonders beachten, daß das Überkreuzen der Fäden beim Farbwechsel sorgfältig erfolgt, sonst entstehen Löcher.

76

Jacke

(Abb. Farbtafel III, gegenüber Seite 48, Modell rechts)

Größe 164 für 13–14 Jahre

Material
Schoeller Wolle »tornado«, 600 g borke (Fb. 25), 200 g dunkelbraun (Fb. 37) und 100 g natur (Fb. 13). 1 Paar PERL-INOX-Jacken-stricknadeln 5½ mm, 35 cm lang.

Technik I
Glatt rechts = Hinreihen rechts, Rückreihen links stricken.

Technik II
Perlmuster
1. Reihe: 1 M. re, 1 M. li;
2. Reihe: wie 1. Reihe, jedoch versetzt.
Beide Reihen fortlaufend wiederholen.

Streifeneinteilung I
9 cm dunkelbraun, 5 cm borke, 2 cm natur, 5 cm borke, 1 cm dunkelbraun.

Streifeneinteilung II
2 cm dunkelbraun, 2,5 cm borke, 1,5 cm natur, 2,5 cm borke. In Dunkelbraun enden.

Streifeneinteilung III
3 cm dunkelbraun, je 1,5 cm borke, natur u. borke, 2,5 cm dunkel-braun.

Maschenprobe – Technik I
17 Maschen/22 Reihen = 10 cm².

Arbeitsgang

Siehe Schnitt.

Fertigstellung

Ärmel- u. Schulternähte schließen. Ärmel einsetzen.
Für den **Kragen** die M. der Hilfsnadel u. beidseitig aus dem vorderen Halsausschnitt noch M. dazu aufnehmen (aus den Blen-denm. keine M. aufnehmen) u. in Technik I stricken; dabei die ersten u. letzten 7 M. immer in Technik II stricken. Nach 9 cm noch weitere 3,5 cm über alle M. in Technik II stricken. M. abketten.

Auf jeder Knopfblende 3 Knebelknöpfe anbringen (siehe Abb.). An der rechten Knopfblende von li 3 Verschlußschlaufen aus Luftm. häkeln.

Schnitt

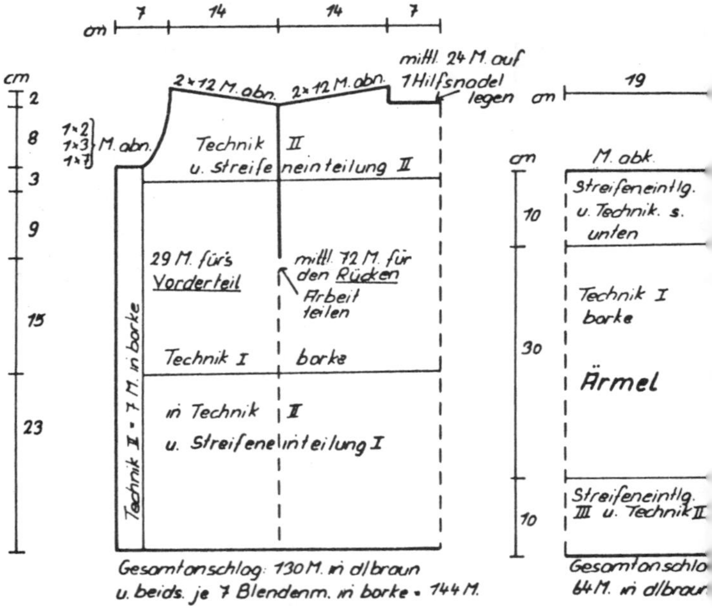

Bewertung

Stricktechnik und Arbeitsweise leicht. Für Anfänger geeignet.

⑤ Trachtenjacke

(Abb. 32)

Größe 104—110 für 4—5 Jahre

Material

1 Paar Schnellstricknadeln 4 mm, 300 g graue Wolle für Nadelstärke 4 mm (Lauflänge der Wolle bei 100 g: ca. 260 m), 2,20 m Wolltresse, 1 Verschluß mit Kettchen.

Abb. 32:
Trachtenjacke

Technik

Gerippte Fläche = Hin- und Rückreihen rechts;
1 Rippe = 2 Reihen.

Maschenprobe: 19 Maschen/19 Rippe $\triangleq$ 10 cm².

Arbeitsgang

Siehe Schnitt.

Fertigstellung

Fäden vernähen; Seiten-, Schulter- und Ärmelnähte schließen;
Ärmel einnähen. Alle Ränder mit grüner Wolltresse einfassen;
Kettchenverschluß annähen.

Schnitt

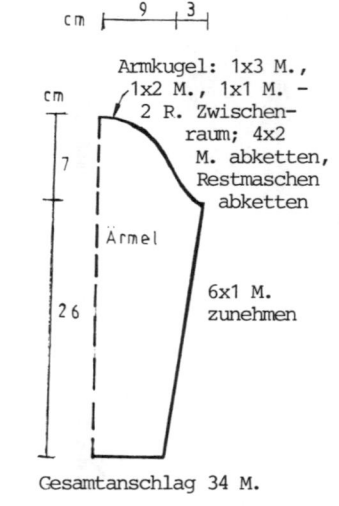

cm ├─ 9 ─┤ 3 ┤

Armkugel: 1x3 M.,
1x2 M., 1x1 M. –
2 R. Zwischen-
raum; 4x2
M. abketten,
Restmaschen
abketten

cm

7

26

Ärmel

6x1 M.
zunehmen

Gesamtanschlag 34 M.

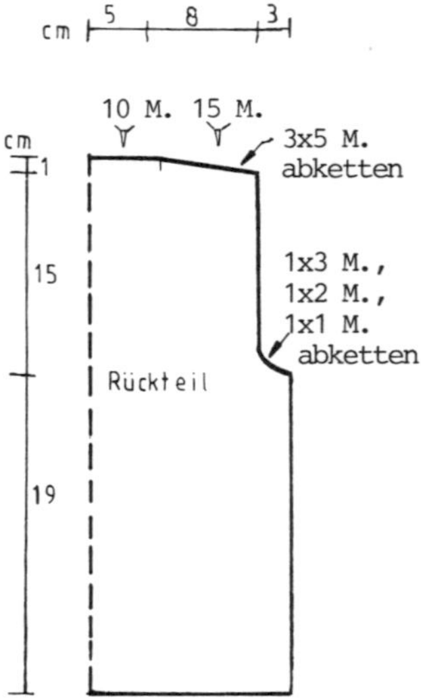

cm ├─ 5 ─┤─ 8 ─┤ 3 ┤

10 M. 15 M.
Y   Y

cm
1

15

19

Rückteil

3x5 M.
abketten

1x3 M.,
1x2 M.,
1x1 M.
abketten

Gesamtanschlag 60 M.

cm ├─ 5,5 ─┤─ 8 ─┤ 3,5 ┤

11 M. 15 M.
Y   Y

cm
1
4

11

19

3x5 M.
abketten

1x4 M.,
2x2 M.,
3x1 M.
abk.

1x3 M.,
1x2 M.,
1x1 M.
abketten

Vorderteil li
(re Vorderteil
gegengleich
arbeiten)

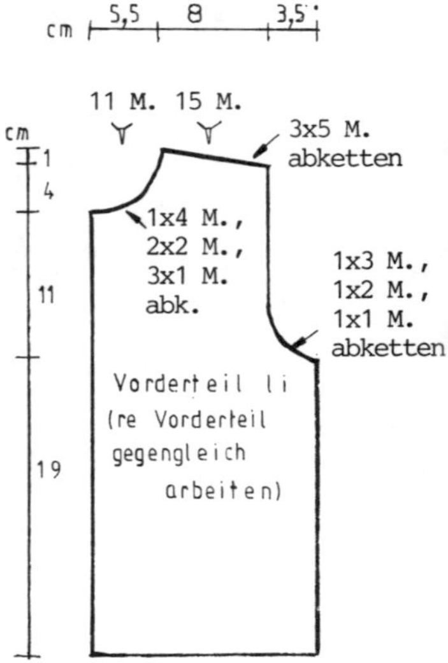

Anschlag 32 M.

Bewertung

Stricktechnik und Musterfolge sehr leicht. Das Modell ist besonders
gut für Anfänger ohne Strickerfahrung geeignet. Fehler sind leicht
zu beheben.

Mädchenjacke mit buntbestickter Passe und Noppen

(Abb. 34)

Körpergröße 128–134 für 8–9 Jahre *(Abb. 34)*

Material
450 g graue Wolle für Nadelstärke 4; Wollreste zum Besticken: grün, weiß, dunkelblau, rosa; 1 Paar Schnellstricknadeln 4 mm; 1 Häkelnadel 4 mm; 6 Knöpfe.

Abb. 33: Musterausschnitt: Großes Perlmuster

Technik I
Elastische Fläche = **1. Reihe:** 1 M. re, 1 M. li; **2. Reihe:** Maschen stricken, wie sie erscheinen.

Technik II
Großes Perlmuster (Abb. 33)
1. Reihe: Randm., 1 M. li, 1 M. re, fortlaufend im Wechsel. Reihe endet mit 1 M. li, Randm.
2. Reihe: Randm., 1 M. re, 1 M. li, fortlaufend im Wechsel. Reihe endet mit 1 M. re, Randm.
3. Reihe wie 2. Reihe;
4. Reihe wie 1. Reihe.
Die Reihen 1–4 werden fortlaufend wiederholt.

Technik III
Glatte Fläche mit Noppen (= Passe; Beschreibung siehe S. 82)

81

Glatte Fläche = Hinreihen rechts, Rückreihen links. *Noppe* = Aus
1 M. werden 6 M. herausgestrickt (1 M. re, 1 M. li, 1 M. re, 1 M. li,
1 M. re, 1 M. li). Wenden; die 6 M. li str.; wenden, die 6 M. re str.;
wenden, alle M. li zus.str. Fest anziehen; die entstandene Masche
auf die rechte Nadel heben.

Abb. 34: Mädchenjacke mit buntbestickter Passe und Noppen

Passenmuster (Abb. 35)
1. Reihe: re stricken.
2. Reihe: li stricken.
3. Reihe: 1 M. re, ✻ auf die folgende M. 1 Noppe, 9 M. re. Von ✻ ab
wiederholen. Reihe endet mit 7 M. re.
4.—8. Reihe glatt re (1 Reihe li, 1 Reihe re).
9. Reihe: 2 M. re, ✻ auf die folgende M. 1 Noppe; 9 M. re. Von ✻ ab
wiederholen. Reihe endet mit 2 M. re.
10.—14. Reihe wie 4.—8. Reihe.
Die Reihen 3—14 werden fortlaufend wiederholt.

Abb. 35:
Musterausschnitt:
Passenmuster

Maschenprobe – Technik II

19 Maschen Breite/34 Reihen Höhe = 10 cm².

Arbeitsgang

Siehe Schnitt.

 Schnitt

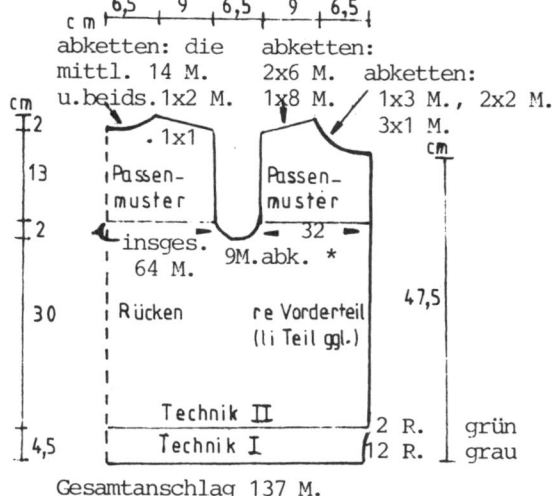

Gesamtanschlag 137 M.

---

* (1× 5 M.; 1× li 2, re 2; 2× li 1, re 1)

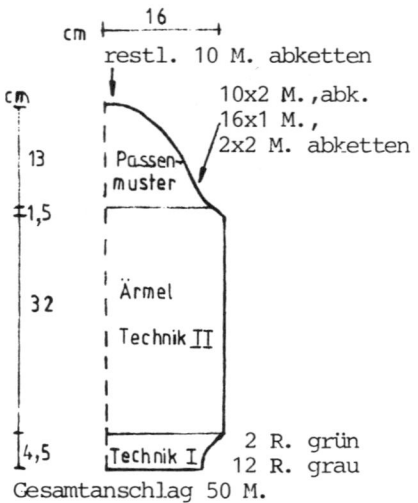

Gesamtanschlag 50 M.

Fertigstellung

Fäden vernähen, Schulter- und Ärmelnähte schließen. Ärmel einnähen.

Passe und Armkugeln, wie auf Abb. 35 dargestellt, besticken.

Für den Halsausschnitt 50 Maschen aus dem Strickrand aufschlagen, 7 Reihen in Technik I stricken.

Für die vorderen Blenden jeweils 86 Maschen aus dem Strickrand aufschlagen; mit Farbrest Grün 2 Reihen in Technik I stricken. Dann bei einer Blende 6 Reihen in Grundfarbe Grau und Technik I stricken; abketten. Bei der anderen Blende 2 Reihen in Grundfarbe Grau und Technik I stricken; in der 3. Reihe 6 Knopflöcher über je 2 Maschen im Abstand von jeweils 14 Maschen arbeiten. Das erste Knopfloch über der 4. und 5. Masche, das zweite über der 20. und 21. Masche usw. Anschließend 3 Reihen in Grundfarbe Grau in Technik I stricken.

Knöpfe annähen. Den Jackenrand und die Ärmelbündchen anschließend mit einer Reihe fester Maschen in Farbe Grün locker umhäkeln (jeweils nur in jede 2. gestrickte Masche einstechen).

Bewertung

Musterfolge leicht. Das Stricken der Noppen erfordert etwas Geschicklichkeit; daher ist etwas Übung im Stricken Voraussetzung.

Anzug Ⓢ

(Abb. Farbtafel IV, gegenüber Seite 49, Modell oben links)

Körpergröße 80 (86) für ¾—1 Jahr

Die Angaben für **Körpergröße 86** stehen **in der Klammer;** steht nur eine Zahl, so gilt diese für beide Größen.

Material
Esslinger Wolle »trockenwolle 64« 400 g grau (Fb. 71). Je 1 Paar PERL-INOX-Tric-Schnellstricknadeln 3,5 und 4 mm und 1 PERL-INOX-Rundstricknadel 4 mm, 60 cm lang.

Technik I
Glatt rechts = Hinreihen rechts, Rückreihen links; in Runden immer rechts stricken.

Technik II
Siehe Strickschrift.

Maschenprobe – Technik I
18 Maschen/25 Reihen = 10 cm².

Arbeitsgang
Siehe Schnitt.
Zwickelabnahme: 4×1 M. jede 2. Runde abnehmen.
Taschen: Je 22 M. anschlagen u. 10 cm in Technik I stricken; M. stillegen. In Höhe des Tascheneinsatzes werden in den *Vorderteilen* 10 M. (je 8 M. von den vorderen Schlitzkanten entfernt) in Technik II gestrickt.

Strickschrift

	15.R.	$\square$ = rechte M. $\blacksquare$ = linke M.
	13.R.	
	11.R.	
	9.R.	▨▨▨▨▨ = 2 M. auf 1 Hilfsndl. vor die Arbeit legen, 2 M. rechts, die M. der Hilfsndl. rechts str.
	7.R.	
	5.R.	
	3.R.	
	1.R.	▨▨▨▨ = 1 M. auf 1 Hilfsndl. hinter die Arbeit legen, 2 M. rechts, die M. der Hilfsndl. links str.

▨▨▨ = 2 M. auf 1 Hilfsndl. vor die Arbeit legen, 1 M. links, die M. der Hilfsndl. rechts str.

In den Rückreihen Maschen stricken, wie sie erscheinen.
1.—16. Reihe fortlaufend wiederholen.

Schnitt

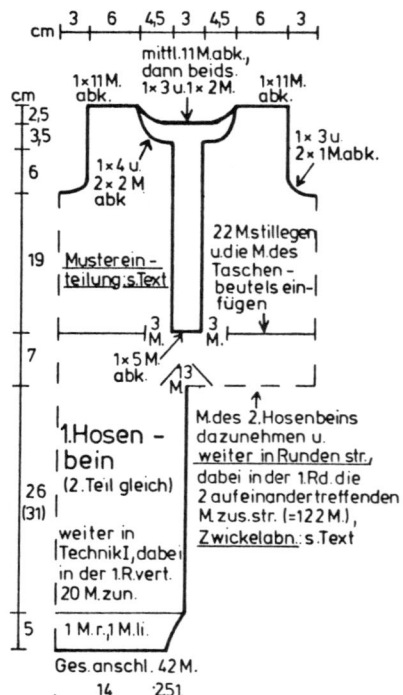

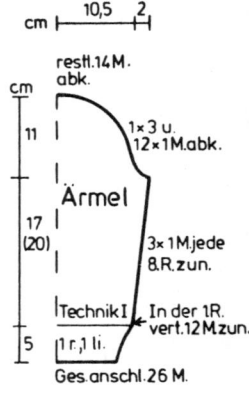

Fertigstellung

Nähte schließen, Ärmel einsetzen. Die stillgelegten M. der Taschen wieder auf eine Nadel nehmen u. 2,5 cm in 1 M. re, 1 M. li stricken. M. abketten. Blenden seitlich anheften.

Aus dem Halsausschnitt ca. 47 M. aufnehmen u. wie Taschenblenden beenden. Aus den vorderen Schlitzkanten einschließlich Halsausschnittblenden je 64 M. aufnehmen, 3 cm in 1 M. re, 1 M. li stricken; dabei in die rechte Blende in der 4. Reihe **6 Knopflöcher** im Abstand von 7 M. über 4 M. einarbeiten. 1. Knopfloch 3 M. von der oberen Kante entfernt. M. abketten.

Seitliche Schlitzblenden übereinanderlegen und anheften. Knöpfe annähen.

Bewertung

Stricktechnik mittelschwer; Arbeitsweise leicht bis mittelschwer.

Pulli und Hose

(Abb. Farbtafel IV, gegenüber Seite 49, Modell oben rechts)

Größe 92—98 für 2—3 Jahre

Material
Esslinger Wolle »cornelia«, **Pulli:** 100 g grün (Fb. 33) und 50 g weiß (Fb. 01); **Hose:** je 50 g weiß (Fb. 01) und grün (Fb. 33). Je 1 Paar PERL-INOX-Tric-Schnellstricknadeln 3, 4,5 und 6 mm.

Technik
Glatt rechts = Hinreihen rechts, Rückreihen links.

Maschenprobe
26 Maschen/38 Reihen = 10 cm².

Arbeitsgang

Pulli
Passe siehe Schnitt. Aus den mittleren 26 cm der vorderen und rückwärtigen Passe mit Nadel 3 mm je 68 M. in Grün aufnehmen. 17 cm in Technik und 8 Reihen 1 M. re, 1 M. li stricken. Maschen im Maschenrhythmus abketten.

Hose
Siehe Schnitt.

Schnitt

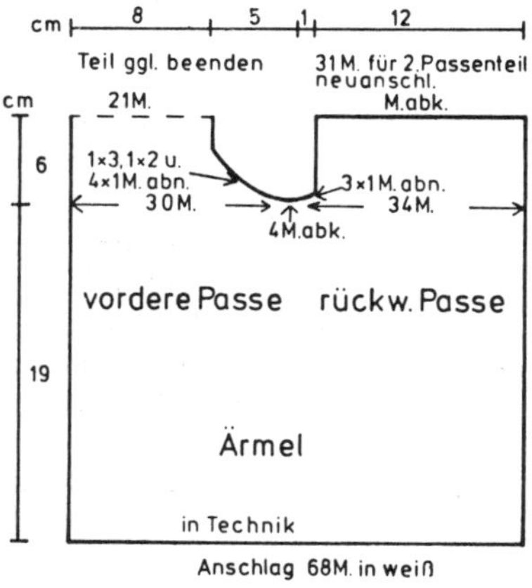

cm ┤— 8 —┤— 5 —┤ ┤— 12 —┤
Teil ggl. beenden   31 M. für 2.Passenteil neuanschl.
21M.   M. abk.
1×3,1×2 u. 4×1M. abn.   3×1M. abn.
← 30M. →   34M. →
4M.abk.
vordere Passe   rückw. Passe
Ärmel
in Technik
Anschlag 68M. in weiß

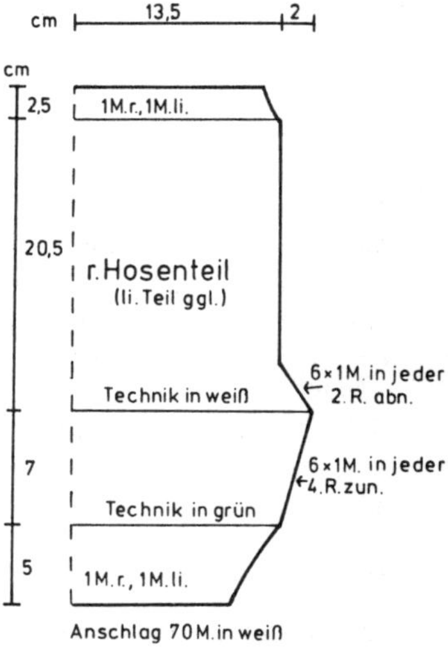

cm ┤— 13,5 —┤— 2 —┤
1M.r, 1M.li.
r. Hosenteil
(li. Teil ggl.)
6×1M. in jeder 2. R. abn.
Technik in weiß
6×1M. in jeder 4.R. zun.
Technik in grün
1M.r., 1M.li.
Anschlag 70M. in weiß

Fertigstellung

Pulli

Für die **Armblenden** mit Nadel 3 mm 70 M. in Grün aufnehmen und fortlaufend 1 M. re, 1 M. li stricken. Nach jeder 5. Reihe mit Nadel 4,5 und 6 mm weiterstricken. Nach 20 Reihen Maschen im Maschenrhythmus abketten. Seiten- u. Ärmelnähte schließen.

Für die **Halsblende** mit Nadel 3 mm 84 M. in Weiß aufnehmen und 14 Reihen in 1 M. re, 1 M. li stricken. Maschen im Maschenrhythmus abketten. Der rückwärtige Ausschnitt wird beidseitig mit 2 Reihen feste M. umhäkelt; dabei auf der rechten Seite 5 Knopflochschlingen einhäkeln. Knöpfe annähen.

Auf das Vorderteil werden in Grün Blümchen aufgestickt (siehe Abb.).

Hose

Nähte schließen. In den Hosenbund in die obere Kante ein Gummiband einziehen.

Bewertung

Stricktechnik leicht; Arbeitsweise leicht bis mittelschwer.

⑪ Kinderwagendecke

(Abb. 36)

Größe ca. 60 × 65 cm (ohne Fransen)

Material
Häkelnadel 4 mm, 200 g weiche Wolle. Lauflänge der Wolle ca. 130 m auf 50 g.

Technik
siehe Häkelschrift I.
Größe eines Motivs ca. 22 cm × 22 cm.

Arbeitsgang

Arbeiten eines Motivs
10 Runden nach Häkelschrift I arbeiten. Erklärung der Häkelschriftsymbole auf Seite 30 f.

Abb. 36: Kinderwagendecke

Abb. 37: Musterausschnitt Kinderwagendecke

89

Fertigstellung

4 Motive in Häkelschrift I häkeln, anschließend zusammennähen, wie auf Seite 24 beschrieben.

Umrandung häkeln wie Häkelschrift II.

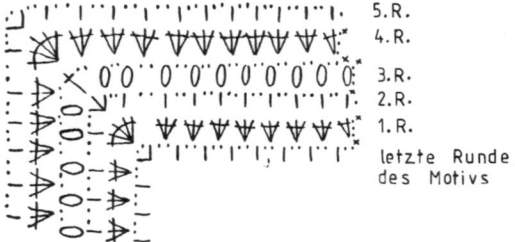

Häkelschrift I

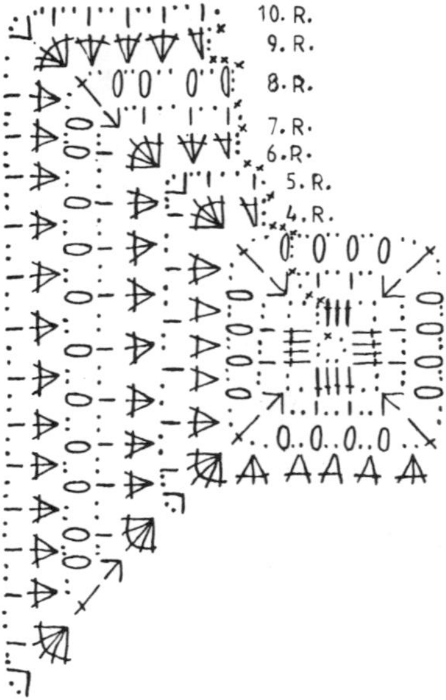

Häkelschrift II

Einknüpfen der Fransen

Endlänge der Fransen auf ca. 5 cm gleichmäßig zuschneiden. (Arbeiten, wie auf Seite 26 beschrieben.)

Das fertige Häkelstück spannen (siehe »Spannen«, Seite 20 f.).

Bewertung

Musterfolge schwierig; Häkeltechnik mittelschwer. Etwas Übung im Häkeln und im Arbeiten nach Häkelschriften ist Voraussetzung.

Bunter Ringel-Westover

(Abb. Farbtafel IV, gegenüber Seite 49, Modell unten links)

Körpergröße 116—122 (128—134) 140—146

Die Angaben für **Körpergröße 128—134** stehen **in der Klammer,** für **Körpergröße 140—146 hinter der Klammer.** Steht nur eine Zahl, so gilt diese für alle Größen.

Material
Esslinger Wolle »geisha« 50 g hellblau (Fb. 06) und Reste in Himbeerrot (Fb. 33), Rosé (Fb. 59), Dunkelgrün (Fb. 45), Hellgrün (Fb. 42) und Hellgelb (Fb. 57). 1 Paar PERL-INOX-Tric-Schnellstricknadeln 3,5 mm und 1 PERL-INOX-Rundstricknadel 3 mm, 40 mm lang.

Technik
Glatt rechts = Hinreihen rechts, Rückreihen links stricken.

Streifenfolge
✻ je 4 Reihen himbeerrot, rosé, dunkelgrün, hellgrün, hellgelb und hellblau ✻. Von ✻—✻ fortlaufend wiederholen.

Maschenprobe
21 Maschen/28 Reihen = 10 cm^2.

Arbeitsgang

Siehe Schnitt.

Fertigstellung

Nähte schließen. Aus den Armausschnittkanten in Hellblau mit Nadel 3 mm je 82 (84) 88 M. aufnehmen. 4 Runden in 1 M. re, 1 M. li stricken. Maschen im Maschenrhythmus abketten. Aus dem Halsausschnitt in Hellblau mit Nadel 3 mm 112 (116) 120 M. aufnehmen. In 1 M. re, 1 M. li stricken; dabei in der vorderen Mitte 1 rechte Masche markieren und wie folgt arbeiten: In jeder 2. Runde die Mittelmasche mit der vorhergehenden Masche zusammen wie zum Rechtsstricken abheben; folgende Masche stricken, wie sie erscheint, abgehobene Maschen überziehen. Nach 5 Runden Maschen im Maschenrhythmus abketten.

Schnitt

Rücken- bzw. Vorderteil

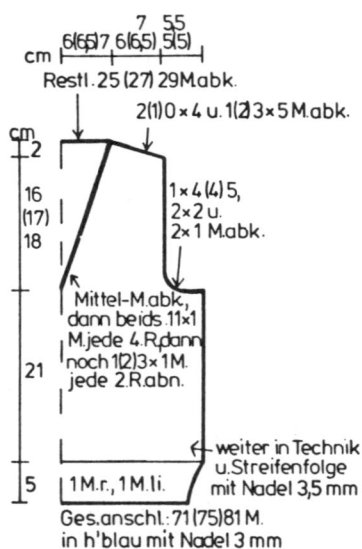

7 55
6(6,5)7 6(6,5) 5(5)
cm
Restl.25 (27) 29 M.abk.

2(1)0×4 u. 1(2)3×5 M.abk.

cm
2

16
(17)
18

1×4 (4) 5,
2×2 u.
2×1 M.abk.

Mittel-M.abk,
dann beids.11×1
M.jede 4.R.dann
21   noch 1(2)3×1 M.
jede 2.R.abn.

weiter in Technik
u.Streifenfolge
5   1 M.r., 1 M.li.   mit Nadel 3,5 mm

Ges.anschl.: 71 (75) 81 M.
in h'blau mit Nadel 3 mm

Bewertung

Stricktechnik und Arbeitsweise leicht. Das Modell ist auch für
Anfänger geeignet.

Ⓢ Pullunder mit Jacquardstreifen

(Abb. Farbtafel IV, gegenüber Seite 49, Modell unten rechts)

Körpergröße 128 (140–146) 158–164

Die Angaben für **Körpergröße 140–146** stehen **in der Klammer,**
für **Körpergröße 158–164 hinter der Klammer.** Steht nur eine
Zahl, so gilt diese für alle Größen.

Material
Esslinger Wolle »geisha« 50 (100) 100 g hellgelb (Fb. 57), 50 g blau
(Fb. 30) und Reste in Flieder (Fb. 67) und Apricot (Fb. 63). 1 Paar
PERL-INOX-Tric-Schnellstricknadeln 3,5 mm und 1 PERL-
INOX-Rundstricknadel 3 mm, 40 cm lang.

Technik

Glatt rechts = Hinreihen rechts, Rückreihen links stricken.
Großes Jacquardmuster: siehe Werkzeichnung I.
Kleines Jacquardmuster: siehe Werkzeichnung II.

Maschenprobe

21 Maschen/28 Reihen = 10 cm^2.

Arbeitsgang

Siehe Schnitt.

Fertigstellung

Nähte schließen. Aus den Armausschnittkanten in Hellgelb mit
Nadel 3 mm je 80 (82) 86 M. aufnehmen. 8 Runden in 1 M. re, 1 M. li
stricken. Maschen im Maschenrhythmus abketten.
Aus dem Halsausschnitt in Hellgelb mit Nadel 3 mm 108 (112)
116 M. aufnehmen. In 1 M. re, 1 M. li stricken; dabei in der vorderen
Mitte 1 rechte Masche markieren u. wie folgt arbeiten: In jeder
2. Runde die Mittelmasche mit der vorhergehenden Masche zusammen wie zum Rechtsstricken abheben; folgende Masche stricken,
wie sie erscheint; abgehobene Maschen überziehen. Nach 8 Runden
Maschen im Maschenrhythmus abketten.

Schnitt

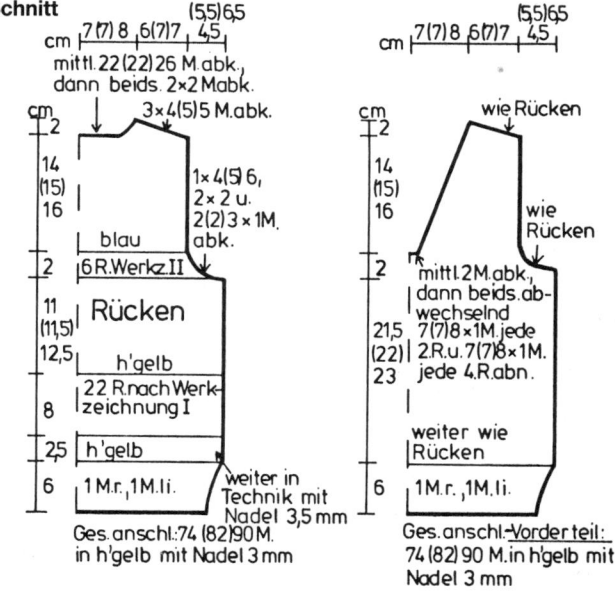

93

Werkzeichnung I

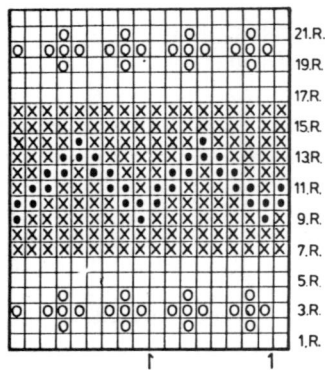

Werkzeichnung II

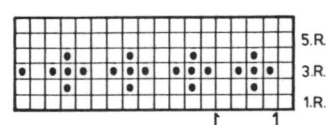

□ = 1 M. in Hellgelb

Ⓞ = 1 M. in Blau

☒ = 1 M. in Flieder

⊡ = 1 M. in Apricot

Es sind Hin- und Rückreihen gezeichnet!

Bewertung

Stricktechnik mittelschwer; Musterfolge genau beachten. Arbeitsweise leicht.

❺ Zweiteiliger Kapuzenanzug mit Fäustlingen

(Abb. Farbtafel V, gegenüber Seite 96, Modell links)

Größe 80–86 für 1 Jahr

Material

Esslinger Wolle »geisha« 400 g altrosa (Fb. 04) und je 200 g pink (Fb. 78) und lila (Fb. 24). Je 1 PERL-INOX-Rundstricknadel 7 mm, 40 und 80 cm lang, 1 Spiel PERL-INOX-Strumpfstricknadeln 4 mm, 1 PERL-INOX-Wollhäkelnadel 6 mm.
Der Anzug wird mit 2 Fäden altrosa u. je 1 Faden pink u. lila (= 4fädig), die Handschuhe werden mit 2 Fäden pink gestrickt.

Technik

Rippen = Hin- und Rückreihen rechts; 1 Rippe = 2 Reihen; in Runden 1 Runde rechts, 1 Runde links stricken.

Maschenprobe – Anzug

11 Maschen/10 Rippen = 10 cm².

Arbeitsgang

Siehe Schnitt.

Oberes Jäckchenteil

Die stillgelegten M. wie folgt auf 1 Nadel stricken: 21 M. des re Vorderteils, 29 M. des re Ärmels, 42 M. des Rückens, 29 M. des li Ärmels u. 21 M. des li Vorderteils (= 142 M.); dabei jeweils die letzte M. des einen Teils mit der ersten M. des anderen Teils rechts zus.stricken (= 138 M.). Diese rechten M. markieren u. beidseits davon 12×1 M. in jeder 2. Reihe abnehmen (= 8 Abnahmen in jeder 2. Reihe). Nach 10 Rippen ab Raglanbeginn für den vorderen Halsausschnitt beidseits 1×4 u. 1×1 M. abketten. Nach 12 Rippen M. abketten.

Kapuze

20 M. anschlagen u. wie folgt stricken: 9 Rippen; dann über die ersten 15 M. 3 verkürzte Rippen im Abstand von jeweils 1 Rippe; 4 Rippen, nochmals 3 verkürzte Rippen im Abstand von jeweils 1 Rippe u. mit 9 Rippen beenden.

Ohren

8 M. in Pink 4fädig anschlagen, 2 Rippen stricken, dann beidseits 2×1 M. abnehmen, restliche M. abketten.

Fertigstellung

Höschen

Schrittnaht schließen. An den vorderen Trägern Knopfschlingen, an den rückwärtigen Trägern Knöpfe anbringen.

Jäckchen

Nähte schließen, Kapuze an- u. Reißverschluß einnähen. Ohren mit 1 Reihe feste M. in den Farben des Jäckchens umhäkeln u. nach Abb. an der Kapuze befestigen.

Handschuhe

24 M. auf den Strumpfstricknadeln anschlagen, in 1 M. re, 1 M. li 13 Runden u. weiter in Technik stricken. Nach 5 Rippen für den Daumen die ersten 5 M. der 1. Nadel stillegen, über der entstandenen Lücke 3 M. neu anschlagen u. weitere 6 Rippen stricken. Nun am Ende der 1. u. 3. Nadel u. am Anfang der 2. u. 4. Nadel jeweils 3mal in jeder 2. Runde 2 M. zus.stricken. Restliche M. zus.stricken. Für den Daumen über die stillgelegten M. mit 5 dazu aufgenommenen M. 6 Rippen stricken. Nun immer 2 M. zus.stricken. Restliche M. mit dem Fadenende zus.ziehen und vernähen.

Schnitt

Höschen

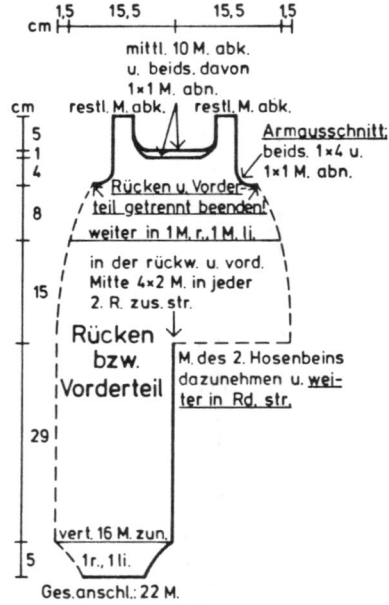

cm |—1,5—| 15,5 | 15,5 |—1,5—|

mittl. 10 M. abk.
u. beids. davon
1×1 M. abn.

restl. M. abk. ┐ ┌ restl. M. abk.

Armausschnitt;
beids. 1×4 u.
1×1 M. abn.

cm
5
1
4

8
Rücken u. Vorder-
teil getrennt beenden!

weiter in 1 M. r., 1 M. li.

in der rückw. u. vord.
Mitte 4×2 M. in jeder
2. R. zus. str.

15

**Rücken
bzw.
Vorderteil**

M. des 2. Hosenbeins
dazunehmen u. wei-
ter in Rd. str.

29

vert. 16 M. zun.
1 r., 1 li.

5

Ges.anschl.: 22 M.

Jäckchen

cm |——19——|

cm M. stillegen (s. Text)

12 | **Rücken**

verteilt 6 M. zun.

6 1 M. r., 1 M. li.

Ges.anschl.: 36 M.

cm |——19——|

cm wie Rücken

12 | **Vorderteil**

verteilt 5 M. zun.

6 1 M. r., 1 M. li.

Anschlag: 16 M.

cm |—13,5—|

cm wie Rücken

15 | **Ärmel**

verteilt
11 M. zun.

4 1 r., 1 li.

Ges.anschl.: 18 M.

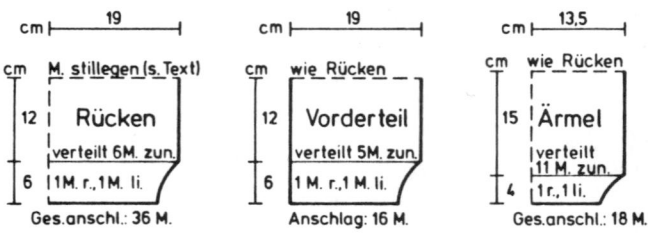

Bewertung

Stricktechnik sehr leicht; Arbeitsweise leicht bis mittelschwer. Für
geschickte Anfänger geeignet.

Farbtafel V:
*Links: Zweiteiliger Kapuzenanzug mit Fäustlingen (Größe 80–86).
Beschreibung auf Seite 94–96.
Rechts: Einteiliger Kapuzenanzug mit Handschuhen (Größe 92–98).
Beschreibung auf Seite 97–98.*

96

Einteiliger Kapuzenanzug mit Handschuhen

(Abb. Farbtafel V, gegenüber Seite 96, Modell rechts)

Körpergröße 92—98 für 2—3 Jahre

Material
Esslinger Wolle »geisha« 750 g hellblau (Fb. 26) und 250 g türkis (Fb. 35). Je 1 PERL-INOX-Rundstricknadel 7 mm, 40 und 80 cm lang, 1 Spiel PERL-INOX-Strumpfstricknadeln 4 mm, 1 PERL-INOX-Wollhäkelnadel 6 mm.
Der Anzug wird mit je 3 Fäden hellblau u. 1 Faden türkis, die Handschuhe werden mit 2 Fäden hellblau gestrickt.

Technik
Rippen = Hin- und Rückreihen rechts; 1 Rippe = 2 Reihen; in Runden 1 Runde rechts, 1 Runde links stricken.

Maschenprobe – Anzug
11 Maschen/10 Rippen = 10 cm².

Arbeitsgang

Siehe Schnitt.
Die stillgelegten M. wie folgt auf eine Nadel stricken: 21 M. re Vorderteil, 30 M. re Ärmel, 42 M. Rücken, 30 M. li Ärmel u. 21 M. li Vorderteil (= 144 M.); dabei an den Stellen, wo die Teile aneinanderstoßen, jeweils die letzte M. des einen Teils mit der ersten M. des anderen Teils rechts zus.stricken (= 140 M.) und diese rechte M. markieren.
Für die *Raglanabnahmen* beidseits der markierten Maschen 12mal in jeder 2. Reihe jeweils 2 M. zus.stricken (= 8 Abnahmen in jeder 2. Reihe). Nach 10 Rippen ab Raglanbeginn für den vorderen Halsausschnitt beidseits 1×5 und 1×1 M. abnehmen. Nach 12 Rippen ab Raglanbeginn alle M. abketten.

Kapuze
21 M. anschlagen, 16 Rippen stricken, dann 8mal nach jeweils 1 Rippe über die ersten 15 M. 1 verkürzte Rippe stricken. Teil mit weiteren 16 Rippen beenden.

Farbtafel VI:
Oben: Pulli und Hose (Größe 68/74). Beschreibung auf Seite 103–105.
Mitte: Jacke und Hose (Größe 68/74). Beschreibung auf Seite 106–107.
Unten: Jacke und Mütze (Größe 68/74). Beschreibung auf Seite 108–109.

Ohren

9 M. anschlagen. Nach 2 Rippen beidseits 1 M. und nach 1 weiterer Rippe nochmals je 1 M. abnehmen, restliche M. abketten.

Fertigstellung

Nähte schließen, Kapuze annähen, Reißverschluß einnähen, Ohren mit 1 Reihe feste M. umhäkeln und nach Abb. an der Kapuze befestigen.

Handschuhe

26 M. auf den Strumpfstricknadeln anschlagen, 14 Runden in 1 M. re, 1 M. li u. weiter in Technik stricken; dabei für den Daumenkeil zwischen der 1. und 2. M. der 1. Nadel aus dem Querfaden 4×1 M. in jeder 3. Runde herausstricken. Nun die ersten 7 M. der 1. Nadel für den Daumen stillegen u. über der entstandenen Lücke 4 M. neu anschlagen. 6 Rippen stricken, dann am Ende der 1. u. 3. Nadel u. am Anfang der 2. u. 4. Nadel 3× in jeder 2. Runde jeweils 2 M. zus.stricken. Restliche M. zus.stricken. Zu den stillgelegten M. des Daumens 4 M. dazu aufnehmen, 6 Rippen stricken; dann immer 2 M. zus.stricken. Restliche M. mit dem Fadenende zus.ziehen u. gut vernähen.

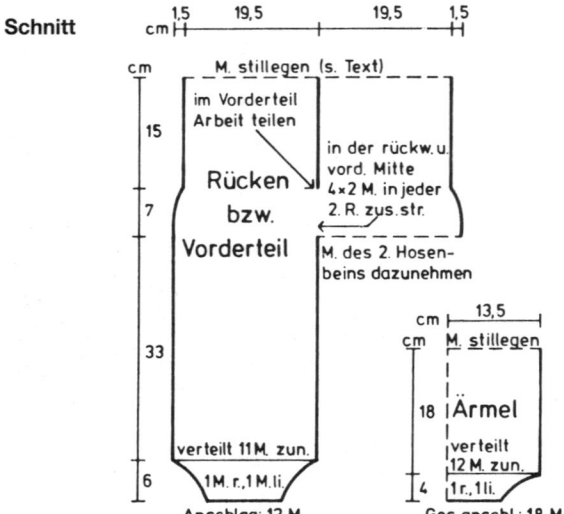

Schnitt

Bewertung

Stricktechnik sehr leicht; Arbeitsweise leicht bis mittelschwer. Für geschickte Anfänger geeignet.

98

Norwegerjacke mit Rundpasse

(Abb. 38)

Größe 140–146 für 10–11 Jahre

Material
Wolle (Lauflänge ca. 80 m auf 100 g) für Nadelstärke 7 mm, 500 g dunkelblau, 100 g hellblau, 100 g weiß; 1 Paar PERL-INOX-Tric-Schnellstricknadeln 7 mm; 1 PERL-INOX-Rundstricknadel 7 mm, 100 cm lang; 1 PERL-INOX-Rundstricknadel 7 mm, 50 cm lang; 6 Knöpfe.

Abb. 38:
Norwegerjacke
mit Rundpasse

Werkzeichnung I

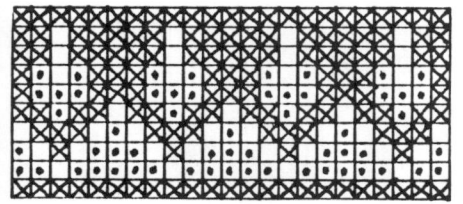

Farbvorschläge:

⊠ dunkelblau
◉ hellblau
☐ weiß

1.R.

Technik

Grundmuster: Glatt rechts = Hinreihen rechts, Rückreihen links stricken.

Bundmuster: Elastische Fläche = 1 M. re, 1 M. li im Wechsel; in der folgenden Reihe die Maschen stricken, wie sie erscheinen.

Einstrickmuster über den Bündchen: siehe Werkzeichnung I.

Passenmuster: siehe Werkzeichnung II.

Beachte: Beim Einstrickmuster die Fäden, die gerade nicht gebraucht werden, locker gespannt mitführen; beim Übergehen von mehr als 4 Maschen den Faden auf der Rückseite einhängen. Es sind Hin- und Rückreihen gezeichnet.

Maschenprobe

11 Maschen/17 Reihen = 10 cm^2. (Bitte vor Beginn Maschenprobe anfertigen.)

Arbeitsgang

Siehe Schnitt.

Vorderteile und Rücken

werden in einem Stück gestrickt. 78 Maschen in Dunkelblau anschlagen, im Bundmuster auf der Rundstricknadel in hin- und hergehenden Reihen 4 cm stricken; dann 1 Reihe rechts, dabei verteilt 6 M. re verschränkt aufnehmen. Neue Maschenzahl 84 M. Muster wie Werkzeichnung I einstricken.

Werkzeichnung II

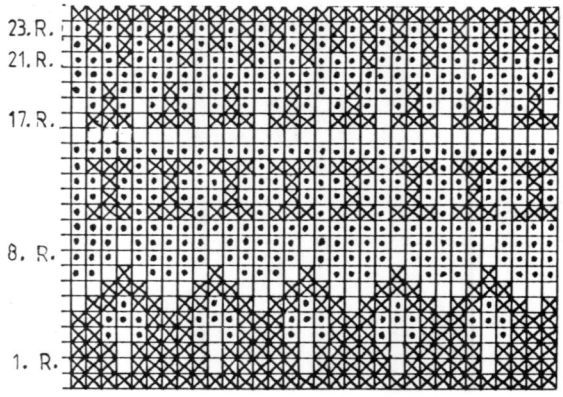

Schnitt

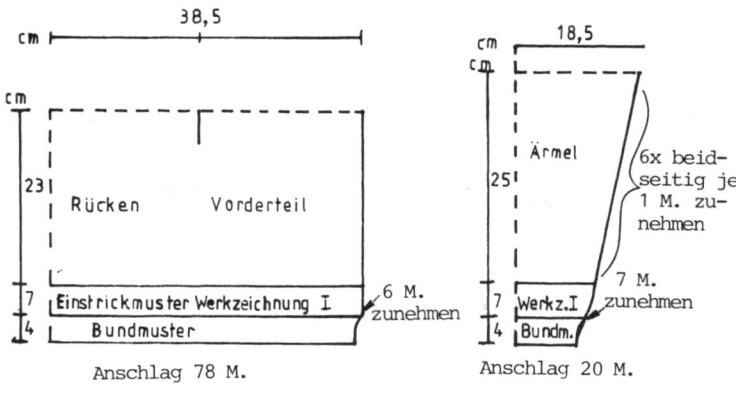

Anschlag 78 M.

Anschlag 20 M.

Abb. 39: Musterausschnitt Passe

Weiterarbeit

Nach Einstrickmuster 23 cm in Dunkelblau stricken; Nadel stilllegen.

Ärmel

Mit den Schnellstricknadeln in Dunkelblau 20 M. anschlagen; 4 cm im Bundmuster stricken, dann 1 Reihe re, dabei verteilt 7 M. aufnehmen. Einstrickmuster nach Werkzeichnung I stricken. Danach 26 cm in Dunkelblau stricken; dabei 6mal beidseitig je 1 M. re verschränkt aufnehmen = 39 M. Maschen stillegen. Zweiten Ärmel ebenso stricken.

Nach Anfertigung aller Teile die Maschen für die **Passe** wie folgt auf die Rundstricknadel stricken:

18 M. des Hauptteils stricken, 6 M. des Hauptteils mit 6 M. des Ärmels (den 3 letzten und den 3 ersten Maschen auf der Nadel) zusammenstricken und abketten. Die letzte Abkettmasche zu den 18 M. auf die Rundstricknadel heben. 1 M. re verschränkt aus dem folgenden Maschenklang aufnehmen. 33 Ärmelmaschen abstricken. An der Stelle, wo Ärmel und Rückteil aneinandergestrickt sind, 1 M. re verschränkt aufnehmen. 36 Rückenmaschen str.

Zweiten Ärmel anstricken; dabei 6 M. des Rückenteiles mit 6 M. des zweiten Ärmels (den 3 letzten und den 3 ersten Maschen auf der Nadel) zusammenstricken und abketten. Letzte Abkettmasche zu den übrigen M. auf die Rundstricknadel heben. 1 M. re verschränkt aus dem folgenden Maschenklang aufnehmen. 33 Ärmelmaschen abstricken. 1 M. an der Stelle, wo Ärmel und Vorderteil aneinanderstoßen, re verschränkt aufnehmen. Die letzten 18 M. des Vorderteils stricken = 144 M.

In der folgenden Reihe an den Stellen, an denen Ärmel und Vorderteil oder Ärmel und Rückenteil aneinanderstoßen, jeweils 2 M. re zusammenstricken (damit es dort kein Loch gibt!). Zusätzlich in dieser Reihe noch 2×2 M. re verschränkt zusammenstricken, so daß die Maschenzahl von 138 erreicht wird.

Arbeiten der Passe (Abb. 39)

7 Runden im Passenmuster wie Werkzeichnung II stricken; dabei Beginn des Musters: 3 M. hellblau, ✻ 1 M. weiß, 5 M. hellblau. Von ✻ ab fortlaufend wiederholen. Reihe endet mit 5 M. hellblau, 1 M. weiß, 3 M. hellblau.

In der 8. Passenmusterreihe in der Mitte jedes Musters 2 M. li zus.stricken. Neue Maschenzahl 117.

In der 17. Passenmusterreihe jede 3. und 4. M. re zus.stricken.

In der 21. Passenmusterreihe jede 3. und 4. M. re zus.stricken.

In der 23. Passenmusterreihe jede 2. und 3. M. re zus.stricken.

Endmaschenzahl = 38 Maschen. Noch 6 Runden in Dunkelblau im Bundmuster stricken (mit Rundstricknadel 50 cm), abketten.

Fertigstellung

Ärmelnähte schließen, Fäden vernähen. Aus dem vorderen Rand 71 Maschen aufnehmen, im Bundmuster in Dunkelblau 5 Reihen stricken, abketten. Zweiten Rand ebenso; aber dort in der 3. Reihe 6 Knopflöcher einarbeiten wie folgt:

3 M., 1 M. abketten, 12 M., 1 M. abketten, 12 M., 1 M. abketten, usw. Bei der folgenden Reihe an der Stelle, wo die Masche abgeket-

tet wurde, 1 neue M. aufschleifen, so daß wieder die richtige Maschenzahl vorhanden ist. Nach der 5. Reihe abketten. Knöpfe annähen; die Knopflöcher mit Wollfaden umstechen; Fäden vernähen.

Bewertung

Stricktechnik mittelschwer; Musterfolge durch das Stricken mit 3 Farben etwas schwierig. Es empfiehlt sich, die verschiedenen Wollen in Knäuelhalter oder Beutel zu stecken, um das Verdrehen der Fäden in Grenzen zu halten.

Pulli und Hose   **S**

(Abb. Farbtafel VI, gegenüber Seite 97, Modell oben)

Körpergröße 68 (74)
Die Angaben für **Körpergröße 74** stehen **in der Klammer**; steht nur eine Zahl, gilt diese für beide Größen.

Material
Esslinger Wolle »cornelia« 100 (150) g weiß (Fb. 01) und ein Rest in Rot. Je 1 Paar PERL-INOX-Tric-Schnellstricknadeln 2,5 und 3 mm. 1 PERL-INOX-Wollhäkelnadel 3 mm.

Technik I
Glatt rechts = Hinreihen rechts, Rückreihen links stricken.

Technik II
1. Reihe: ✼ 2 M. rechts verschränkt zus.stricken, 1 Umschlag ✼.
Von ✼ bis ✼ wiederholen.
2. Reihe: links.
1.–2. Reihe fortlaufend wiederholen.

Technik III
Siehe Strickschrift.

Maschenprobe – Technik I
27 Maschen/40 Reihen = 10 cm^2.

Arbeitsgang

Pulli
Siehe Schnitt.

Hose

Für das *vordere Hosenteil* 10 (14) M. anschlagen u. in Technik I stricken. Nach 2 cm beidseits 1×1, 3(4)×2, 2×3, 2×4 u. 1×8 M. dazu anschlagen. [= 68 (76) M.]. Nach insgesamt 14 (15) cm 4 Reihen in Technik II, 3 cm in Technik I, 2 Reihen in Technik II u. 3 cm in Technik I stricken. M. abketten. Für das *rückwärtige Hosenteil* 10 (14) M. anschlagen u. in Technik I stricken; dabei 9×3 und 1(2)×2 M. dazu anschlagen [= 68 (76) M.]. Nun das Teil wie das vordere Hosenteil beenden.

Fertigstellung

Pulli

In die Mitte der Technik III in Rot Blüten nach Abb. sticken. Seiten- u. Ärmelnähte schließen. Aus dem vorderen Halsausschnitt ca. 48 (52) M. aufnehmen u. 2,5 cm in 2 M. re, 2 M. li stricken. Maschen im Maschenrhythmus abketten. Aus dem rückwärtigen Halsausschnitt ca. 32 (36) M. aufnehmen u. 2,5 cm in 2 M. re, 2. M. li stricken. Maschen im Maschenrhythmus abketten. Die Schulterkanten einschließlich Halsausschnittblenden mit je 1 Reihe feste M. umhäkeln; dabei an den vorderen Schulterkanten je 3 Knopfschlingen einarbeiten. Ärmel einsetzen. Knöpfe annähen.

Hose

Seitennähte und Schrittnaht schließen. Obere Kante um 3 cm nach innen schlagen, anheften u. ein Gummiband einziehen. Die Beinausschnitte wie folgt umhäkeln: **1. Runde:** feste M.; **2. Runde:** ✽ In eine Einstichstelle 1 feste M., 3 Luftm., 1 feste M. häkeln, 1 feste M. übergehen ✽. Von ✽ bis ✽ wiederholen.

Strickschrift

| | = rechte M.
| Ⓐ | = 2 M. re verschränkt zus.str.
| Ⓐ | = 2 M. re zus.str.
| Ⓤ | = 1 Umschlag
| Ⓐ | = 3 M. re zus.str.

1.−12. Reihe fortlaufend wiederholen.
In den Rückreihen alle Maschen und Umschläge links stricken.

104

Schnitt

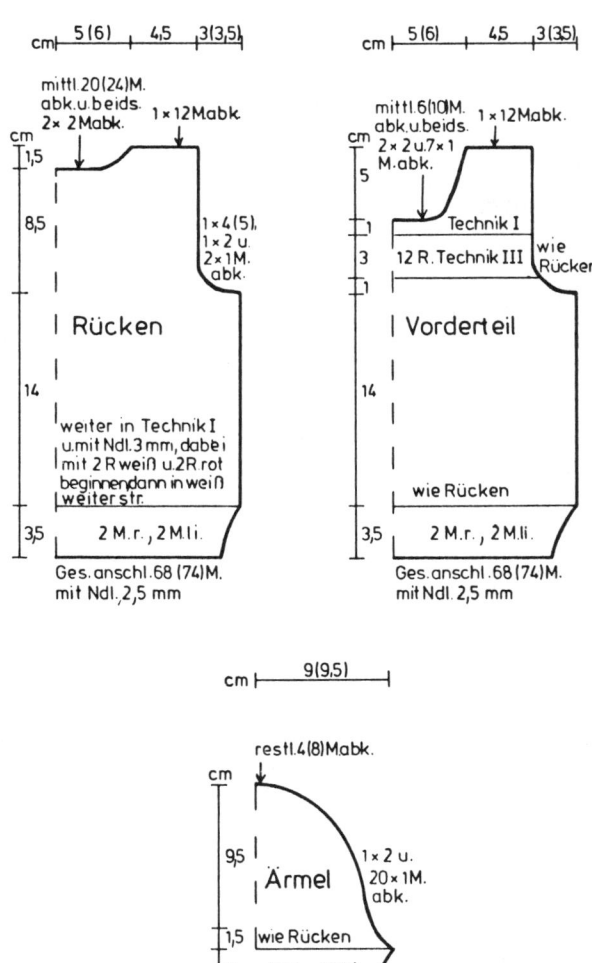

Rücken

cm | 5 (6) | 4,5 | 3 (3,5)

mittl. 20 (24) M.
abk. u. beids.
2 × 2 M abk.
1 × 12 M abk.

cm
1,5
8,5
14
3,5

1 × 4 (5),
1 × 2 u.
2 × 1 M.
abk.

weiter in Technik I
u. mit Ndl. 3 mm, dabei
mit 2 R weiß u. 2 R rot
beginnen, dann in weiß
weiter str.

2 M.r., 2 M.li.

Ges. anschl. 68 (74) M.
mit Ndl. 2,5 mm

Vorderteil

cm | 5 (6) | 4,5 | 3 (35)

mittl. 6 (10) M.
abk. u. beids.
2 × 2 u. 7 × 1
M. abk.
1 × 12 M abk.

cm
5
1
3
1
14
3,5

Technik I
12 R. Technik III

wie
Rücken

wie Rücken

2 M.r., 2 M.li.

Ges. anschl. 68 (74) M.
mit Ndl. 2,5 mm

Ärmel

cm ⊢ 9 (9,5) ⊣

restl. 4 (8) M abk.

cm
9,5
1,5
3

1 × 2 u.
20 × 1 M.
abk.

wie Rücken

2 M.r., 2 M.li.

Ges. anschl. 48 (52) M.
mit Ndl. 2,5 mm

Bewertung

Stricktechnik mittelschwer; Musterfolge genau beachten. Arbeitsweise leicht bis mittelschwer.

ⓢ Jacke und Hose

(Abb. Farbtafel VI, gegenüber Seite 97, Modell Mitte)

Körpergröße 68 (74)
Die Angaben für **Körpergröße 74** stehen **in der Klammer**; steht nur
eine Zahl, gilt diese für beide Größen.

Material
Esslinger Wolle »cornelia« 150 g weiß (Fb. 01) und 1 Rest rot.
Je 1 Paar PERL-INOX-Tric-Schnellstricknadeln 2,5 und 3 mm.
1 PERL-INOX-Wollhäkelnadel 3 mm.

Technik I, mit Nadel 3 mm
Glatt rechts = Hinreihen rechts, Rückreihen links stricken.

Technik II, mit Nadel 3 mm
Siehe Strickschrift auf Seite 104.

Technik III, mit Nadel 2,5 mm
Rippen = Hin- und Rückreihen rechts stricken.
1 Rippe = 2 Reihen.

Maschenprobe – Technik I
27 Maschen/40 Reihen = 10 cm².

Arbeitsgang

Siehe Schnitt.

Fertigstellung

Jacke
In die Mitte der Technik II in Rot Blüten nach Abb. sticken. Nähte
schließen, Ärmel einsetzen. Vordere Kanten einschließlich Halsausschnitt wie folgt umhäkeln: **1. und 2. Reihe:** feste M. in Weiß;
3. Reihe: in Weiß ✳ 1 Stäbchen, 1 Luftm., 1 M. übergehen ✳. *Von
✳ bis ✳ wiederholen.* **4. Reihe:** feste M. in Weiß; **5. Reihe:** feste M.
in Rot. Knöpfe annähen.

Hose
Nähte schließen. Obere Kanten um 2 cm nach innen schlagen,
anheften und ein Gummiband einziehen.

Schnitt

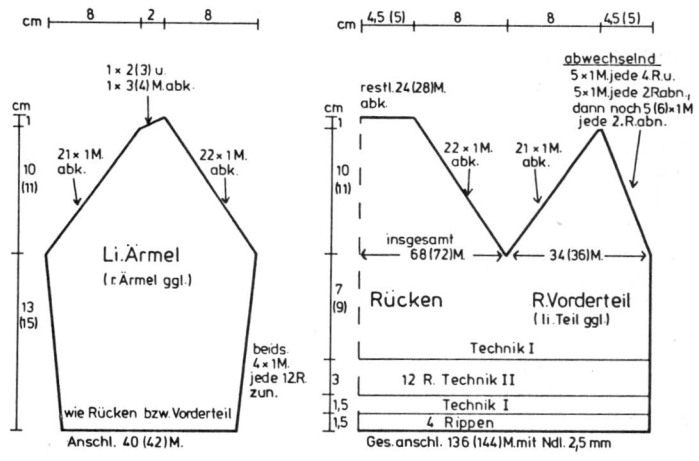

cm |— 8 —|— 2 —|— 8 —|

1 × 2(3) u.
1 × 3(4) M. abk.

cm
1

21 × 1 M. abk.

22 × 1 M. abk.

10
(11)

Li. Ärmel
(r. Ärmel ggl.)

13
(15)

beids.
4 × 1 M.
jede 12 R.
zun.

wie Rücken bzw. Vorderteil

Anschl. 40 (42) M.

cm |— 4,5 (5) —|— 8 —|— 8 —|— 4,5 (5) —|

abwechselnd
5 × 1 M. jede 4 R. u.
5 × 1 M. jede 2 R. abn.,
dann noch 5 (6) × 1 M.
jede 2. R. abn.

restl. 24 (28) M.
abk.

cm
1

22 × 1 M. abk.

21 × 1 M. abk.

10
(11)

insgesamt
←— 68 (72) M. —→←— 34 (36) M. —→

7
(9)

Rücken   **R. Vorderteil**
(li. Teil ggl.)

Technik I

3   12 R. Technik II

1,5   Technik I

1,5   4 Rippen

Ges. anschl. 136 (144) M. mit Ndl. 2,5 mm

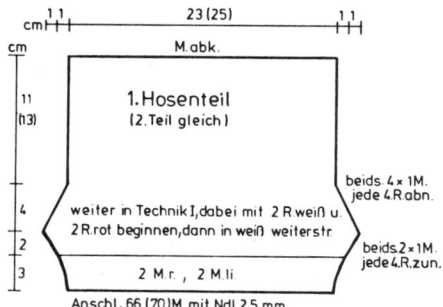

cm |— 1,1 —|— 23 (25) —|— 1,1 —|

cm   M. abk.

11
(13)

1. Hosenteil
(2. Teil gleich)

beids. 4 × 1 M.
jede 4 R. abn.

4   weiter in Technik I, dabei mit 2 R weiß u.
2 R rot beginnen, dann in weiß weiterstr.

2   beids. 2 × 1 M.
jede 4 R. zun.

3   2 M. r., 2 M. li

Anschl. 66 (70) M. mit Ndl. 2,5 mm

Bewertung

Stricktechnik mittelschwer; Musterfolge genau beachten. Arbeitsweise leicht bis mittelschwer.

⑤ Jacke und Mütze

(Abb. Farbtafel VI, gegenüber Seite 97, Modell unten)

Körpergröße 68 (74)
Die Angaben für **Körpergröße 74** stehen **in der Klammer;** steht nur
eine Zahl, gilt diese für beide Größen.

Material
Esslinger Wolle »cornelia« 150 g weiß (Fb. 01). 1 Paar PERL-
INOX-Tric-Schnellstricknadeln 3 mm und 1 PERL-INOX-Rund-
stricknadel 3 mm, 60 cm lang.

Technik I
Glatt rechts = Hinreihen rechts, Rückreihen links stricken.

Technik II
Siehe Strickschrift.

Maschenprobe – Technik III
24 Maschen/40 Reihen = 10 cm².

Arbeitsgang

Jacke
Siehe Schnitt. Nach Fertigstellung aller Teile für die **Rundpasse**
Maschen wie folgt in Technik I auf einer Rundstricknadel stricken:
28 (31) M. rechtes Vorderteil; 26 (31) M. rechter Ärmel; 58 (62) M.
Rücken; 26 (31) M. linker Ärmel und 28 (31) M. linkes Vorderteil
[= 166 (186) M.]. Dabei direkt in der **1. Reihe** jede 6. und 7. M.
zus.stricken. In der **5. Reihe** wie folgt eine Lochreihe einarbeiten:
✳ 1 M. re, 1 Umschlag, 2 M. re zus.stricken ✳. Von ✳ bis ✳
wiederholen. In der **9. Reihe** wieder jede 5. und 6. M. re zus.strik-
ken. Nach 10 Reihen in Technik I folgen 4 Rippen; dabei in der
3. Reihe jede 4. und 5. M. re zus.stricken. Nun weitere 6 Reihen in
Technik I stricken; dabei in der 1. Reihe jede 3. und 4. M. re
zus.stricken. [= 72 (81) M.]. Zum Schluß noch 4 Rippen stricken.
Maschen abketten.

Mütze
38 M. anschlagen. 4 Rippen und 6 Reihen in Technik I stricken;
dann in Technik III weiterarbeiten. Nach insgesamt 29 cm mit
6 Reihen in Technik I und 4 Rippen die Mütze beenden.
Untere Mützenkante wie folgt umhäkeln: ✳ 2 Stb., 3 Luftm.,
1 feste M. in die 1. Luftm., 2 M. übergehen ✳. Von ✳ bis ✳
wiederholen. Vordere Mützenkante mit 1 Reihe fester M. und 1

Reihe Pikots (= ✳ 1 feste M., 2 Luftm., 1 feste M. in die 1. Luftm., 1 M. übergehen ✳. Von ✳ bis ✳ wiederholen.) umhäkeln. Bänder nach Abb. einziehen.

Fertigstellung

Jacke
Nähte schließen. Den Halsausschnitt wie untere Mützenkante und die vorderen Kanten mit je 2 Reihen feste M. umhäkeln. Bänder nach Abb. einziehen.

Strickschrift

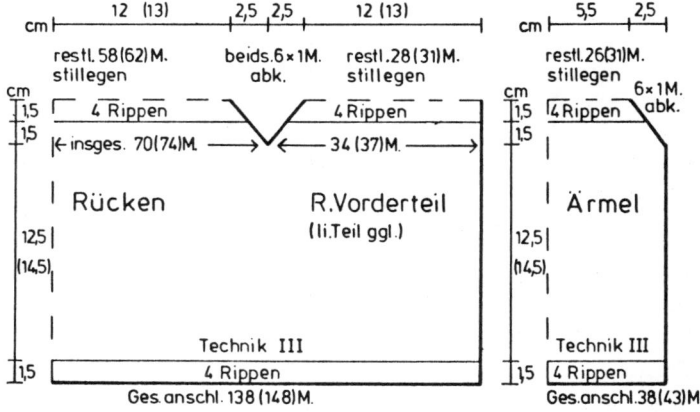

15. R.
13. R.
11. R.
9. R.
7. R.
5. R.
3. R.
1. R.

☐ = *rechte M.*   ▣ = *Randm.*

Ⴧ = *2 M. re zus.str.*

Ⴧ = *2 M. re verschränkt zus.str.*

Ⴣ = *1 Umschlag*

1. bis 16. Reihe fortlaufend wiederholen.
In den Rückreihen alle Maschen und Umschläge links stricken.

Schnitt

Bewertung

Stricktechnik und Arbeitsweise mittelschwer. Musterfolge genau beachten.

ⓗ Bettüberdecke oder Spielteppich für Kinder
(Abb. 40)

Größe ca. 135 cm × 205 cm

Material
Häkelnadel 4 mm, 600 g Wolle rosa, 550 g Wolle blau, 400 g Wolle weiß, jeweils für Nadelstärke 4 mm. Lauflänge der Wolle bei 100 g ca. 260 m.

Technik
Motiv nach Häkelschrift arbeiten. Erklärung der Häkelschriftsymbole auf Seite 30 f.
Größe eines Motivs ca. 22 cm × 22 cm.

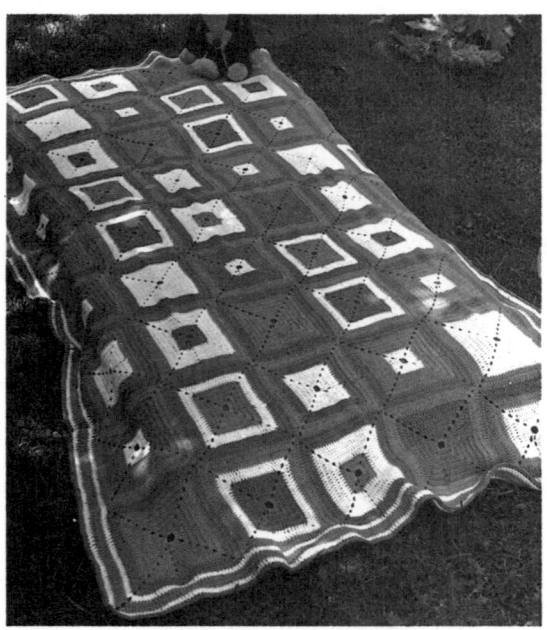

Abb. 40: Bettüberdecke oder Spielteppich für Kinder

Arbeitsgang

54 Motive häkeln, wie im Schema angegeben. Die Nummer des Motivs zeigt die Art des Farbwechsels an, wie er unter dem Schema bei der Motivnummer beschrieben ist.

Häkelschrift

Häkelschema

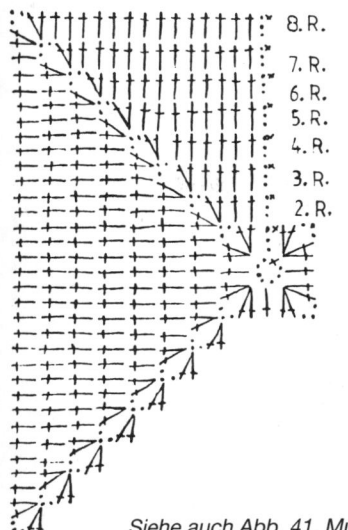

8. R.
7. R.
6. R.
5. R.
4. R.
3. R.
2. R.

1	6	10	8	1	6	10	8	1
2	7	11	12	2	7	11	12	2
3	8	5	11	3	8	5	11	3
4	1	6	10	4	1	6	10	4
5	9	7	8	5	9	7	8	5
6	1	2	1	6	1	2	1	6

Siehe auch Abb. 41, Musterausschnitt.

Erklärung der Schemazeichnung:

Art des Motivs	**Anzahl**
Motiv 1 = 2 Reihen weiß, 4 Reihen blau, 2 Reihen rosa	9
Motiv 2 = 4 Reihen weiß, 2 Reihen rosa, 2 Reihen blau	5
Motiv 3 = 6 Reihen blau, 2 Reihen rosa	3
Motiv 4 = 2 Reihen rosa, 4 Reihen weiß, 2 Reihen blau	3
Motiv 5 = 4 Reihen blau, 2 Reihen weiß, 2 Reihen rosa	5
Motiv 6 = 6 Reihen rosa, 2 Reihen blau	7
Motiv 7 = 2 Reihen blau, 4 Reihen weiß, 2 Reihen rosa	4
Motiv 8 = 4 Reihen rosa, 2 Reihen weiß, 2 Reihen blau	6
Motiv 9 = 6 Reihen weiß, 2 Reihen rosa	2
Motiv 10 = 4 Reihen weiß, 2 Reihen blau, 2 Reihen rosa	4
Motiv 11 = 2 Reihen weiß, 4 Reihen rosa, 2 Reihen blau	4
Motiv 12 = 6 Reihen weiß, 2 Reihen rosa	2
	54 Motive

Fertigstellung

Die Motive nach der Schemazeichnung zusammennähen, wie auf
Seite 24 beschrieben.

Umrandung wie folgt häkeln: 1 Runde weiß, 2 Runden rosa, 1 Runde weiß, 1 Runde blau. Es werden jeweils Stäbchen gehäkelt. Die Eckbildungen wie die Ecken an den Motiven ausführen.

Nach Beendigung der Umrandung die Decke leicht dämpfen, wie auf Seite 20 beschrieben.

Abb. 41: Musterausschnitt Bettüberdecke

Bewertung

Häkeltechnik leicht; Musterfolge leicht. Das Modell ist sehr gut für Anfänger geeignet.

Farbtafel VII:
Oben: Aranpulli (Größe 110–116/122–128/134–140). Beschreibung auf Seite 113–114.
Unten links: Kinderpulli mit Rollkragen (Größe 146). Beschreibung auf Seite 115–116.
Unten rechts: Kinderpullover mit V-Ausschnitt (Größe 140). Beschreibung auf Seite 117–118.
Ganz unten rechts: Origineller Kinderpulli mit Latz und Taschen (Größe 134). Beschreibung auf Seite 120–122.

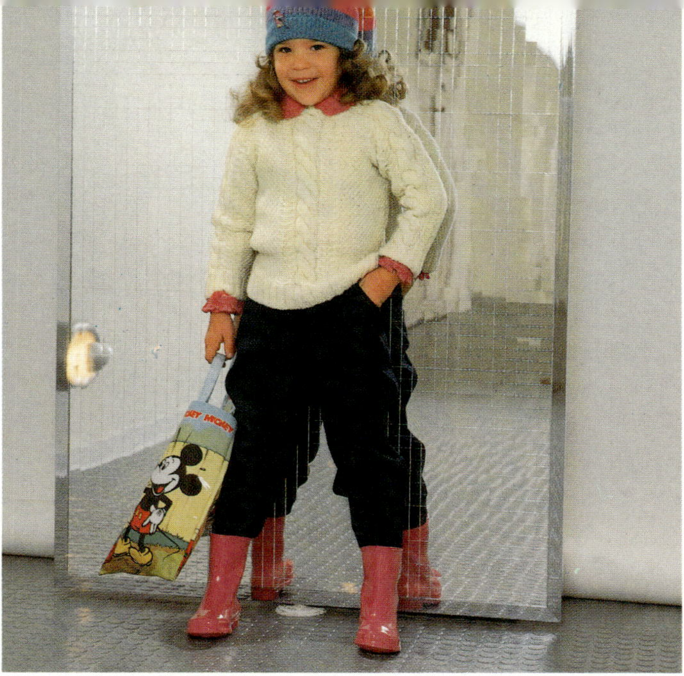

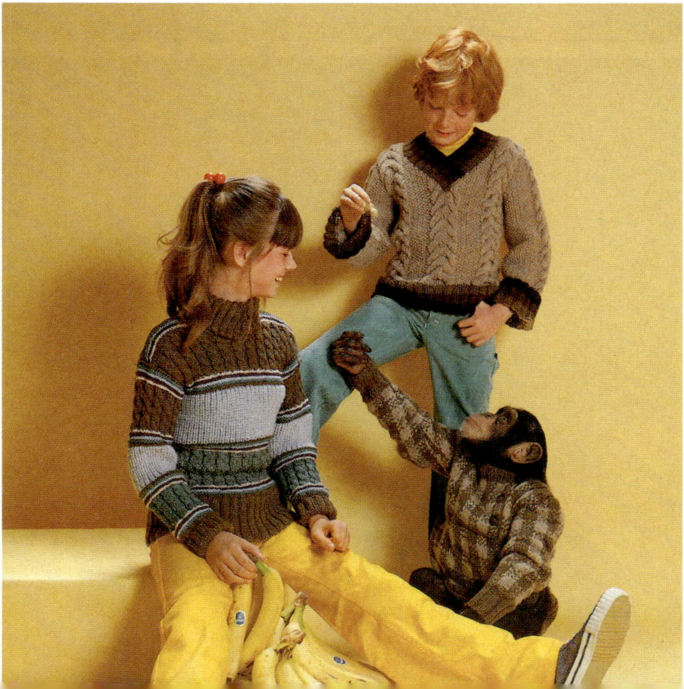

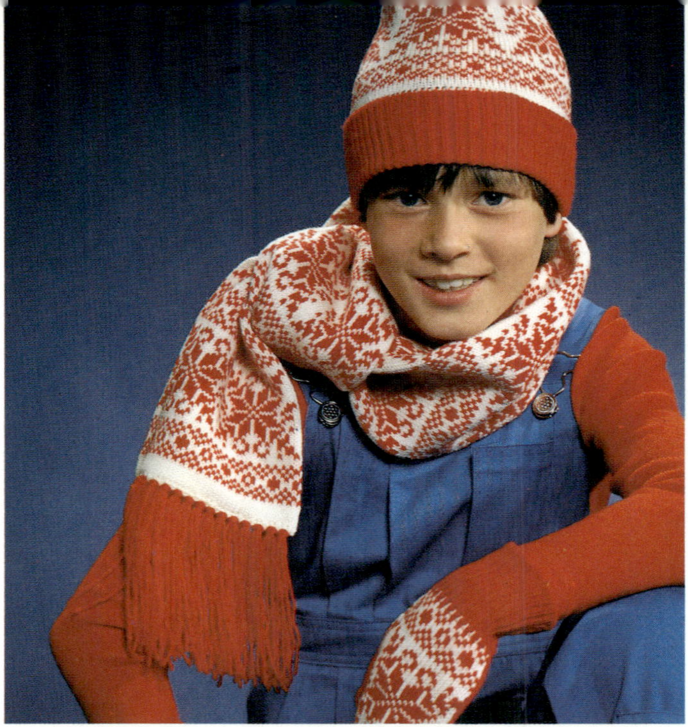

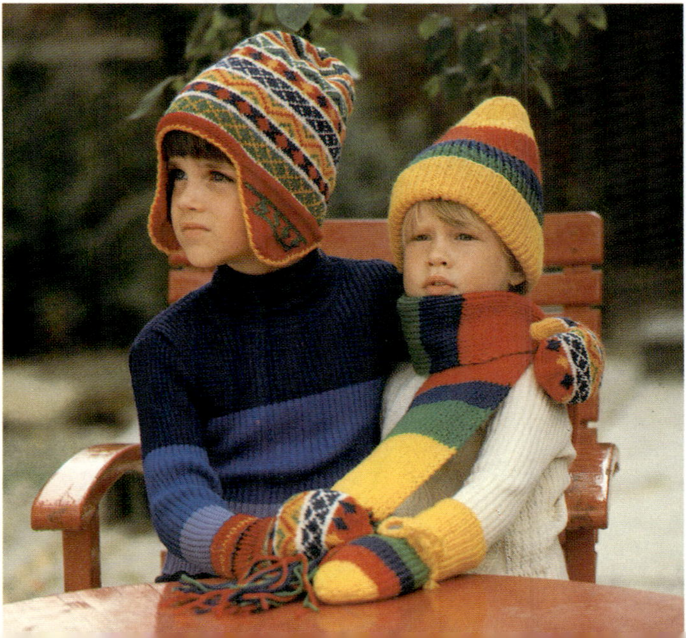

Aranpulli

(Abb. Farbtafel VII, gegenüber Seite 112, Modell oben)

Körpergröße 110/116 (122/128) 134/140

Die Angaben für **Körpergröße 122/128** stehen **in der Klammer,** für **Körpergröße 134/140 hinter der Klammer.** Steht nur eine Zahl, gilt diese für alle Größen.

Material
Schoeller Wolle »wollspass« 300 (350) 400 g natur (Fb. 09). Je 1 Paar PERL-INOX-Tric-Schnellstricknadeln 3 und 3,5 mm, 1 PERL-INOX-Rundstricknadel 3,5 mm, 40 cm lang.

Technik I
Reiskornmuster: 1 M. rechts, 1 M. links im Wechsel, die in jeder 2. Reihe versetzt gestrickt werden.

Technik II
Siehe Strickschrift.

Maschenprobe – Technik I
22 Maschen/34 Reihen = 10 cm².

Arbeitsgang

Siehe Schnitt.

Fertigstellung

Nähte schließen, Ärmel einsetzen. Aus dem Halsausschnitt 80 (84) 88 M. mit Nadel 3 mm aufnehmen und in 2 M. re, 2 M. li 6 Runden stricken. Maschen im Maschenrhythmus abketten.

Farbtafel VIII:
Oben: Kindermütze, Schal und Fausthandschuhe. Beschreibung auf Seite 126–128.
Unten links: Lustige Lappenmütze mit Fausthandschuhen. Beschreibung auf Seite 129–131.
Unten rechts: Mütze, Schal und Fausthandschuhe für Kinder. Beschreibung auf Seite 128–129.

Strickschrift

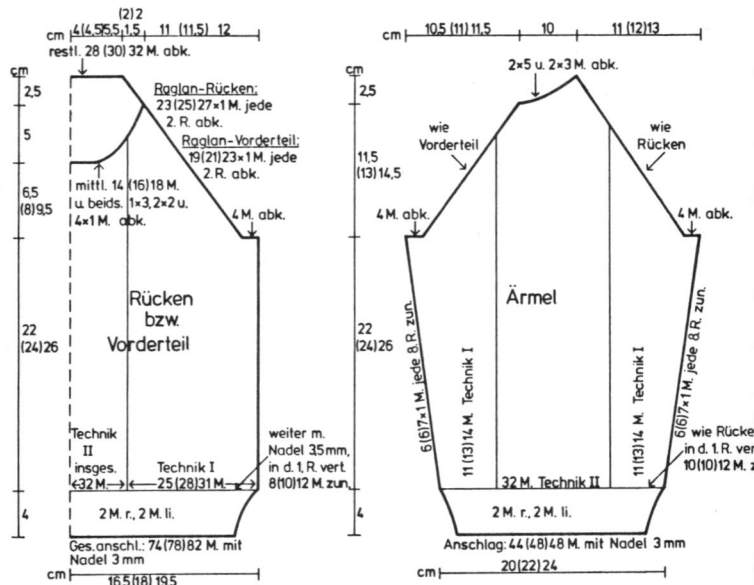

Es sind nur Hinreihen gezeichnet. In den Rückreihen alle Maschen stricken, wie sie erscheinen!

r = rechte M.   □ = linke M.

= 3 M. auf 1 Hilfsnadel hinter die Arbeit legen, 1 M. re stricken, M. der Hilfsnadel re stricken.

= 1 M. auf 1 Hilfsnadel vor die Arbeit legen, 3 M. re stricken, M. der Hilfsnadel re stricken.

= 5 M. auf 1 Hilfsnadel vor die Arbeit legen, 5 M. re stricken, M. der Hilfsnadel re stricken.

Schnitt

Bewertung

Stricktechnik schwer; nur für Geübte geeignet.

114

Kinderpulli mit Rollkragen

(Abb. Farbtafel VII, gegenüber Seite 112, Modell unten links)

Körpergröße 146 für 11 Jahre

Material
Esslinger Wolle »Fingertip« 250 g borke (Fb. 24), je 150 g grün
(Fb. 72), hellblau (Fb. 82) und je 50 g rosé (Fb. 35) und lila (Fb. 79).
1 Paar PERL-INOX-Schnellstricknadeln 4 mm, 35 cm lang, 1
PERL-INOX-Tric-Rundstricknadel 4 mm, 50 cm lang.
Der Pulli wird mit doppeltem Faden gestrickt.

Technik I und Streifeneinteilung
5 Rippen = Hin- und Rückreihe rechts stricken (1 Rippe = 2 Reihen); dabei je 1 Rippe borke, grün, hellblau, lila und rosé. Die
Streifeneinteilung wird abwechselnd einmal in der angegebenen u.
einmal in **umgekehrter** Farbfolge gestrickt.

Technik II
Zopf siehe Strickschrift.
Bitte beachten: In der 1. Reihe der Technik II werden verteilt 10 M.
zugenommen, die in der letzten Reihe der Technik II wieder abgenommen werden.

Technik III
Halbpatent: **1. Reihe:** Randm., ❋ 1 M. re, 1 Umschlag und 1 M. li
abheben ❋, Randm. Von ❋ bis ❋ wiederholen. **2. Reihe:** Randm.,
❋ abgehobene M. mit dem Umschlag re zus.stricken, 1 M. li ❋,
Randm. Von ❋ bis ❋ wiederholen.
1. und 2. Reihe fortlaufend wiederholen.

Maschenprobe – Technik II
23 Maschen/26 Reihen = 10 cm².

Arbeitsgang

Siehe Schnitt.

Fertigstellung

Schulternähte schließen. Ärmel einsetzen. Ärmel- u. Seitennähte
schließen. Für den offenen **Rollkragen** aus dem Halsausschnitt
80 M. in Borke aufnehmen und 6 M. als Untertritt dazu anschlagen.
16 cm in 2 M. re, 2 M. li stricken; dabei 2 Knopflöcher im Abstand

von je 2,5 cm über die 3. u. 4. Masche einstricken und 2 weitere Knopflöcher im gleichen Abstand über die 3. u. 4. letzte Masche einstricken. Knöpfe annähen.

Strickschrift – Technik II

$\boxed{r}$ = rechte M.   □ = linke M.

┌r┬r┬c┬c┐ = 2 M. auf eine Hilfsnadel vor die Arbeit legen, 2 M. re stricken,
die M. der Hilfsnadel re stricken

Alle Rückreihen stricken, wie die Maschen erscheinen.
1.−6. Reihe fortlaufend wiederholen.

Schnitt

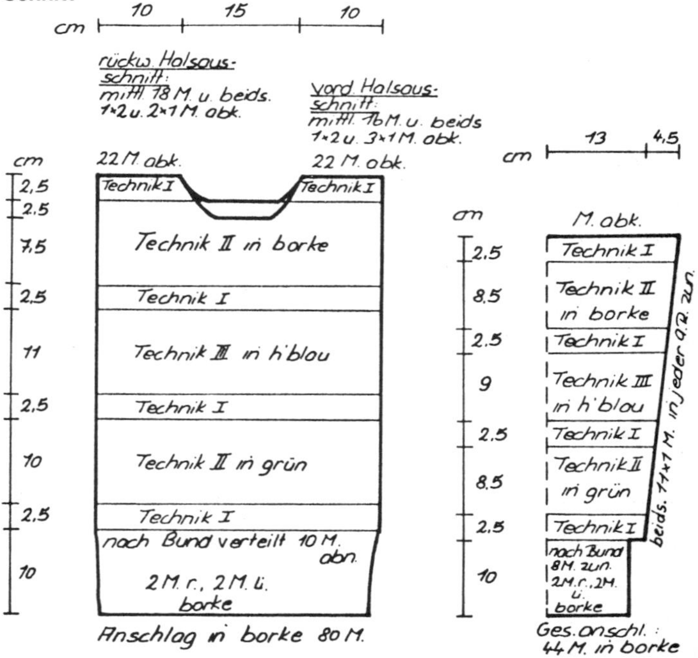

cm |—— 10 ——|—— 15 ——|—— 10 ——|

rückw. Halsaus-
schnitt:
mittl. 18 M. u. beids.
1×2 u. 2×1 M. abk.

vord. Halsaus-
schnitt:
mittl. 16 M. u. beids
1×2 u. 3×1 M. abk.

cm   22 M. abk.   22 M. abk.   cm |— 13 —|4,5|

2,5 | Technik I   Technik I
2,5 |
7,5 | Technik II in borke
2,5 | Technik I
11 | Technik III in h'blau
2,5 | Technik I
10 | Technik II in grün
2,5 | Technik I
      nach Bund verteilt 10 M. abn.
10 | 2 M. r., 2 M. li.
      borke
      Anschlag in borke 80 M.

cm   M. abk.
2,5 | Technik I
8,5 | Technik II in borke
2,5 | Technik I
9 | Technik III in h'blau
2,5 | Technik I
8,5 | Technik II in grün
2,5 | Technik I
      nach Bund 8 M. zun.
10 | 2 M. r., 2 M. li.
      borke
      Ges. anschl.: 44 M. in borke

beids. 1×4×1 M. in j. oder a.R. zun.

Bewertung

Stricktechnik und Arbeitsweise mittelschwer bis schwer. Für Geübte.

116

Kinderpullover mit V-Ausschnitt

(Abb. Farbtafel VII, gegenüber Seite 112, Modell unten rechts)

Körpergröße 140 für 10 Jahre

Material
Esslinger Wolle »Fingertip« 300 g beige (Fb. 23), je 50 g mittelbraun (Fb. 24), rotbraun (Fb. 86) und d'braun (Fb. 33). 1 Paar PERL-INOX-Tric-Schnellstricknadeln 4 mm, 35 cm lang. 1 PERL-INOX-Rundstricknadel 4 mm, 50 cm lang.
Der Pullover wird mit doppeltem Faden gearbeitet.

Technik siehe Strickschrift.

Streifeneinteilung
Bündchen je 6 Reihen d'braun, rotbraun und mittelbraun. *Halsbündchen* in entgegengesetzter Farbfolge.

Maschenprobe
26 Maschen/32 Reihen = 11 cm².

Arbeitsgang siehe Schnitt.

Strickschrift

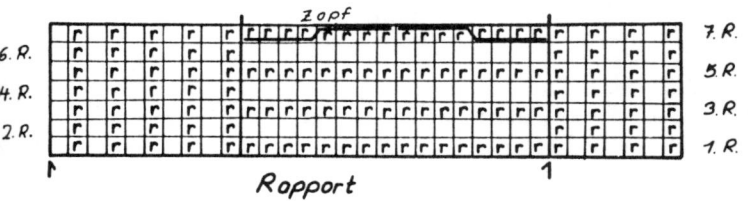

1.—8. Reihe fortlaufend wiederholen.

🔲 = rechte M. ☐ = linke M.

⬛⬛⬛⬛⬛⬛⬛⬛ = 4 M. auf 1 Hilfsnadel vor die Arbeit legen, 4 M. re, die 4 M. der Hilfsnadel re stricken

⬛⬛⬛⬛⬛⬛⬛⬛ = 4 M. auf 1 Hilfsnadel hinter die Arbeit legen, 4 M. re, die 4 M. der Hilfsnadel re stricken

Fertigstellung

Nähte schließen. Für das Halsbündchen aus Rücken- und Vorderteil ca. 120 M. aufnehmen und in Streifeneinteilung 2 M. re, 2 M. li (in Reihen) stricken. Maschen im Maschenrhythmus abketten. Seitliche Ränder annähen.

Schnitt

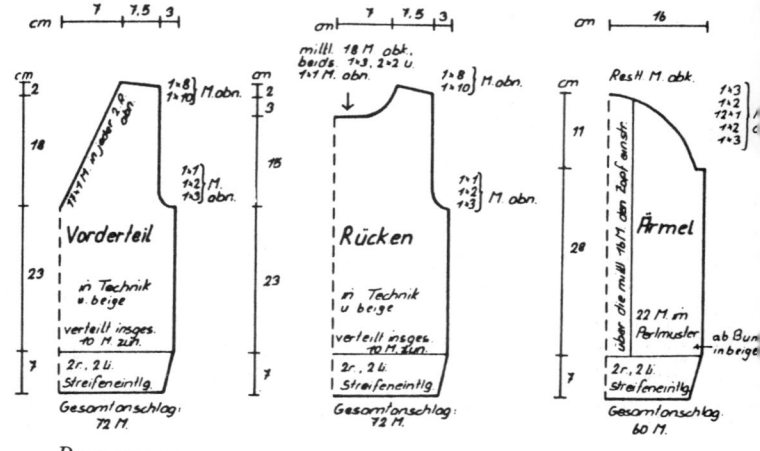

Bewertung

Stricktechnik und Arbeitsweise mittelschwer.

❸ Schachbrettpullover *(Abb. 42)*

Größe 152—158 für 12—13 Jahre

Material

Wolle für Nadelstärke 3 mm (Lauflänge ca. 300 m auf 100 g) 350 g schwarz, 200 g weiß; 2 PERL-INOX-Tric-Schnellstricknadeln 3 mm; 1 Rundstricknadel 3 mm, Länge 50 cm.

Technik

Bundmuster:
Elastische Fläche = 2 Maschen rechts, 2 Maschen links im Wechsel. In den folgenden Reihen Maschen stricken, wie sie erscheinen.
Hauptmuster:
Weiße Flächen *glatt rechts* = Hinreihen rechts, Rückreihen links.
Schwarze Flächen *krausgestrickt* = Hinreihen links, Rückreihen rechts.

Beachte: Beim Farbwechsel in der Mitte jeder Reihe die beiden Wollen auf der Rückseite des Gestrickes überkreuzen und die erste Masche mit der neuen Farbe fest stricken. Nach 17 cm, vom Bund ab gerechnet, beim Seiten-Farbwechsel erste Reihe mit der jeweils neuen Farbe *rechts* stricken, auch bei der schwarzen Farbhälfte!

118

Abb. 42: Schachbrettpullover

Maschenprobe

26 Maschen/37 Reihen = 10 cm²
(Bitte immer Maschenprobe anfertigen!)

Schnitt

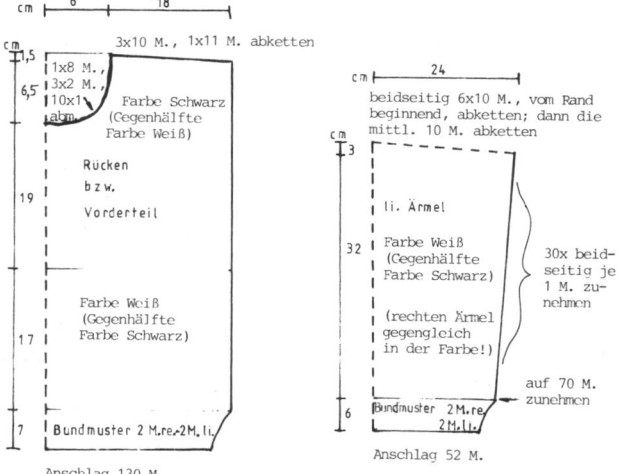

cm ├─ 6 ─┼──── 18 ────┤

3x10 M., 1x11 M. abketten

1,5

6,5 │ 1x8 M.,
│ 3x2 M.,
│ 10x1 M.
│ abn.

Farbe Schwarz
(Gegenhälfte
Farbe Weiß)

19 │ Rücken
│ bzw.
│ Vorderteil

17 │ Farbe Weiß
│ (Gegenhälfte
│ Farbe Schwarz)

7 │ Bundmuster 2 M.re.-2M.li.

Anschlag 130 M.

cm ├──── 24 ────┤

beidseitig 6x10 M., vom Rand
beginnend, abketten; dann die
mittl. 10 M. abketten

3

li. Ärmel

32 │ Farbe Weiß
│ (Gegenhälfte
│ Farbe Schwarz)

30x beid-
seitig je
1 M. zu-
nehmen

│ (rechten Ärmel
│ gegengleich
│ in der Farbe!)

auf 70 M.
zunehmen

6 │ Bundmuster 2 M.re.
│ 2 M.li.

Anschlag 52 M.

119

Arbeitsweise

Siehe Schnitt.
Nach Fertigstellung aller Teile Ärmel-, Schulter- und Seitennähte schließen, Fäden vernähen.
Aus dem Halsausschnitt 160 Maschen aufnehmen und im *Bundmuster* (2 M. re, 2 M. li) 15 cm hoch mit der Rundstricknadel stricken.

Bewertung

Stricktechnik leicht bis mittelschwer.

❾ Kinderpulli mit Latz und Taschen

(Abb. Farbtafel VII, gegenüber Seite 112, Modell ganz unten rechts)

Körpergröße 134 für 9 Jahre

Material
Esslinger Wolle »Fingertip« 250 g braun (Fb. 24) und 150 g beige (Fb. 23). Je 1 Paar PERL-INOX-Tric-Schnellstricknadeln 4½ mm und 2½ mm, 35 cm lang.
Der Pulli wird mit doppeltem Faden gearbeitet.

Technik
Glatt rechts = Hinreihen rechts, Rückreihen links stricken.

Einstrickmuster
Siehe Werkzeichnung.

Maschenprobe
22 Maschen/22 Reihen = 10 cm^2.

Arbeitsgang

Siehe Schnitt.

Fertigstellung

Nähte schließen, Ärmel einsetzen. Für den **Latz** 35 M. mit doppeltem Faden in Braun anschlagen und 30 Reihen im Einstrickmuster und 8 Reihen in Braun und 2 M. re, 2 M. li stricken; dabei in der 9., 21. und 33. Reihe an der rechten Seite über die 3. u. 4. M. je 1 Knopfloch einstricken. Maschen im Maschenrhythmus abketten. Für das **Futter** des Latzes 39 M. mit einfachem Faden in Braun anschlagen u. 46 Reihen in Technik stricken; dabei an der linken Seite über die 3., 4. und 5. M. an denselben Stellen wie im Latz 2 Knopflöcher einstricken. Futter auf den Latz nähen; dabei den oberen Rand in 2 re, 2 li freilassen. Latz am Vorderteil dem Muster entsprechend aufnähen.

Für das **Taschenfutter** ca. 65 M. mit einfachem Faden in Braun anschlagen u. ca. 12 cm in Technik stricken. M. abketten und Taschenfutter dem mittleren Vorderteil unternähen, an den äußeren seitlichen Kanten der Taschenschlitze annähen.

Taschenblenden: Aus den Taschenschlitzen je 26 M. mit doppeltem Faden in Braun aufnehmen u. 10 Reihen 2 M. re, 2 M. li stricken. Maschen im Maschenrhythmus abketten. Seitliche Blendenkanten einnähen.

Werkzeichnung

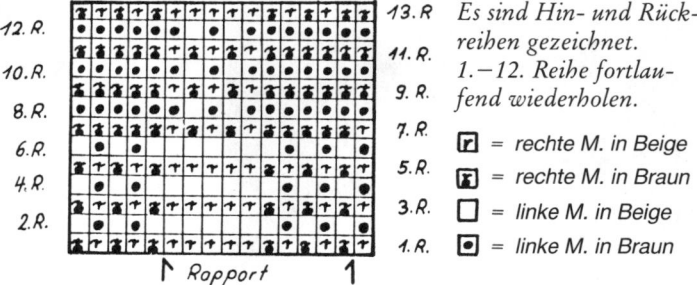

12. R.
11. R.
10. R.
9. R.
8. R.
7. R.
6. R.
5. R.
4. R.
3. R.
2. R.
1. R.

↑ Rapport ↑

Es sind Hin- und Rück-reihen gezeichnet.
1.—12. Reihe fortlau-fend wiederholen.

r = *rechte M. in Beige*
r̄ = *rechte M. in Braun*
☐ = *linke M. in Beige*
⊡ = *linke M. in Braun*

Schnitt

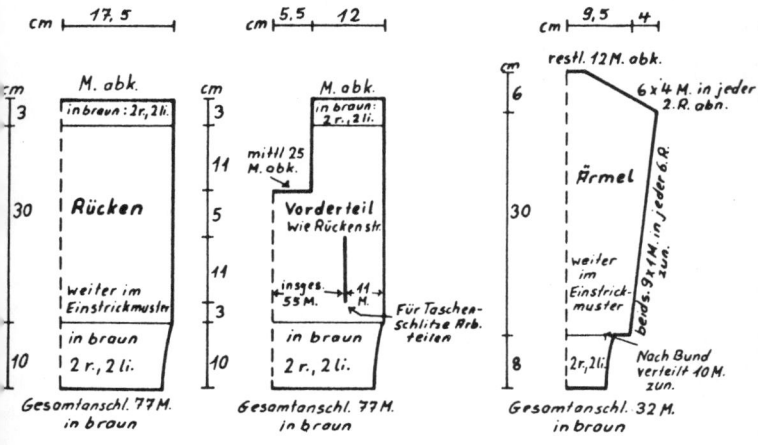

cm |— 17,5 —|

cm | M. obk.
3 | in braun : 2 r, 2 li.
30 | **Rücken**
| weiter im Einstrickmustr
10 | in braun
| 2 r, 2 li.
Gesamtanschl. 77 M. in braun

cm |— 5,5 — 12 —|

cm | M. obk.
3 | in braun: 2 r, 2 li.
11 | mittl 25 M. obk.
5 | **Vorderteil** wie Rücken str.
11 | insges. 55 M. ← 11 M. →
3 | Für Taschen-Schlitze Arb. teilen
10 | in braun
| 2 r, 2 li.
Gesamtanschl. 77 M. in braun

cm |— 9,5 — 4 —|

cm | restl. 12 M. obk.
6 | 6 x 4 M. in jeder 2. R. abn.
30 | **Ärmel** | beids. 9 x 1 M. in jeder 6. R. zun.
| weiter im Einstrick-muster
8 | 2 r, 2 li. | Nach Bund verteilt 10 M. zun.
Gesamtanschl. 32 M. in braun

121

Bewertung

Stricktechnik und Arbeitsweise mittelschwer bis schwer. Vorkenntnisse erforderlich.

❺ Knabentrachtenjacke *(Abb. 43)*

Größe 122–128 für 7–8 Jahre

Material
1 Paar Schnellstricknadeln Stärke 4 mm, 1 Hilfsnadel Stärke 4 mm, 350 g graue Wolle für Stärke 4 mm (Lauflänge der Wolle bei 100 g ca. 260 m), 6 Knöpfe.

Abb. 43:
Knabentrachtenjacke

Technik I
Hinreihe: Randm., ✱ 1 M. re, 1 M. li. Von ✱ ab wiederholen, Randm.
Rückreihe: Randm., ✱ 1 M. li, 1 M. re. Von ✱ ab wiederholen, Randm.
Die Reihen 1 und 2 werden fortlaufend wiederholt.

Technik II

Großes Perlmuster (Abb. 33)

1. Reihe: Randm., 1 M. li, 1 M. re fortlaufend im Wechsel. Reihe endet mit 1 M. li, Randm. **2. Reihe:** Randm. 1 M. re, 1 M. li fortlaufend im Wechsel. Reihe endet mit 1 M. re, Randm. **3. Reihe** wie 2. Reihe. **4. Reihe** wie 1. Reihe.

Die Reihen 1–4 werden fortlaufend wiederholt.

Technik III

Mustersatz 8 Maschen (siehe Abb. 44).

Strickschrift

Die Reihen 1–4 werden fortlaufend wiederholt.

⊡ = 1 M. rechts ⦿ = 1 M. links ⊟ = 1 M. rechts verschränkt

⊞ = 1 M. auf 1 Hilfsnadel vor die Arbeit legen, 1 M. rechts, die M. der Hilfsnadel rechts stricken

⊞ = 1 M. auf 1 Hilfsnadel hinter die Arbeit legen, 1 M. rechts, die M. der Hilfsnadel rechts stricken

Technik IV

Mustersatz 10 Maschen (siehe Abb. 44).

Strickschrift

Die Reihen 1–6 werden fortlaufend wiederholt.

⊡ = 1 M. rechts ⦿ = 1 M. links

⊞ = 2 M. auf 1 Hilfsnadel hinter die Arbeit legen, 2 M. rechts, die M. der Hilfsnadel rechts stricken

⊞ = 2 M. auf 1 Hilfsnadel vor die Arbeit legen, 2 M. rechts, die M. der Hilfsnadel rechts stricken

123

Maschenprobe – Technik II
19 Maschen/30 Reihen = 10 cm².

Maschenprobe – Technik III u. IV (leicht gedehnt)
20 Maschen/30 Reihen = 10 cm².

Arbeitsgang

Rückenteil
Siehe Schnitt.

Mustereinteilung: 6 R. in Technik I; ab der 7. Reihe die Maschen wie folgt aufteilen:
Randm., 6 M. Technik II, 8 M. Technik III, 10 M. Technik IV, 8 M. Technik III, 10 M. Technik IV, 8 M. Technik III, 10 M. Technik IV, 8 M. Technik III, 6 M. Technik II, Randm.
Weiterstricken wie durch den Schnitt vorgegeben.

Rechtes Vorderteil
Anschlag 42 Maschen. 6 R. in Technik I; ab der 7. Reihe die Maschen wie folgt aufteilen:
Randm., 8 M. Technik II, 8 M. Technik III, 10 M. Technik IV, 8 M. Technik III, 6 M. Technik I, Randm.
Weiterstricken, wie durch den Schnitt vorgegeben.

Linkes Vorderteil
Anschlag 42 Maschen, 6 R. in Technik I; ab der 7. Reihe die Maschen wie folgt aufteilen:
Randm., 6 M. Technik I (dabei mit linker M. beginnen; sonst geht das Muster an der vorderen Verschlußkante nicht auf), 8 M. Technik III, 10 M. Technik IV, 8 M. Technik III, 8 M. Technik II, Randm.
6 Knopflöcher in gleichmäßigen Abständen in den vorderen Rand mit Technik I einarbeiten. Das 1. Knopfloch etwa 2 cm vom unteren Rand entfernt; jeweils nach 20 Reihen wieder ein Knopfloch. Jedes Knopfloch wird über die 4. und 5. Masche gearbeitet. (6. Knopfloch erst im Halsausschnittbündchen.)
Weiterstricken siehe Schnitt.

Ärmel
Arbeitsweise siehe Schnitt; Anschlag 34 M. 6 Reihen in Technik I stricken, anschließend Technik II.

Fertigstellung

Fäden vernähen, Seiten-, Schulter- und Ärmelnähte schließen, Ärmel einnähen. Am Halsausschnitt 62 Maschen aufnehmen, 6 Reihen in Technik I stricken, dabei das letzte der 6 Knopflöcher einarbeiten; abketten. Knopflöcher umstechen, Knöpfe annähen.

Abb. 44: Mustersatz Technik III u. Technik IV

Schnitt

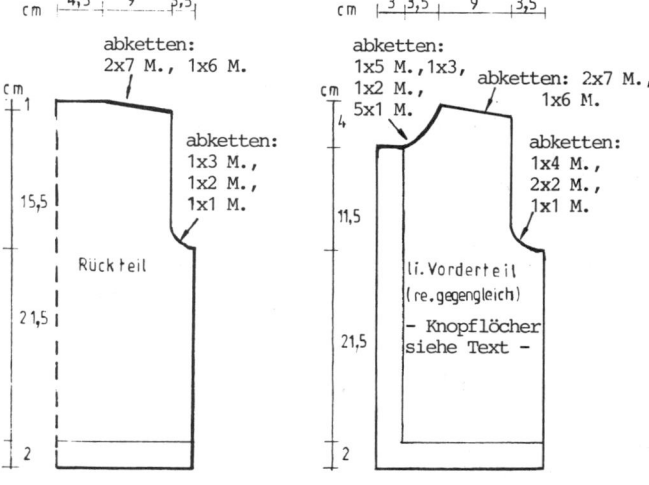

cm |4,5| 9 |3,5|

abketten:
2x7 M., 1x6 M.

cm 1

abketten:
1x3 M.,
1x2 M.,
1x1 M.

15,5

Rückteil

21,5

2

Gesamtanschlag 76 M.

cm |3|3,5| 9 |3,5|

abketten:
1x5 M.,1x3,
1x2 M.,
5x1 M.

abketten: 2x7 M.,
1x6 M.

cm 4

abketten:
1x4 M.,
2x2 M.,
1x1 M.

11,5

li.Vorderteil
(re.gegengleich)

- Knopflöcher
siehe Text -

21,5

2

Gesamtanschlag 42 M.

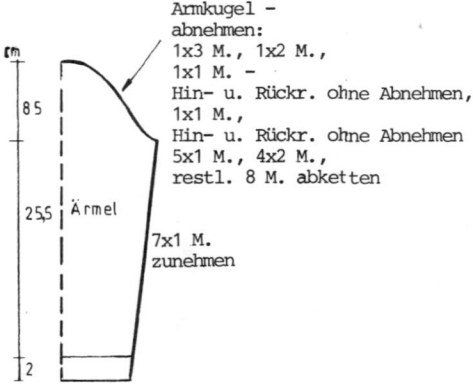

cm | 9 | 3,5 |

Armkugel –
abnehmen:
1x3 M., 1x2 M.,
1x1 M. –
Hin- u. Rückr. ohne Abnehmen,
1x1 M.,
Hin- u. Rückr. ohne Abnehmen
5x1 M., 4x2 M.,
restl. 8 M. abketten

cm
85

25,5 Ärmel

7x1 M.
zunehmen

2

Gesamtanschlag 34 M.

Bewertung

Stricktechnik mittelschwer; Musterfolge schwer. Wer dieses Modell stricken will, sollte schon etwas Erfahrung im Musterstricken mitbringen.

❺ Kindermütze, Schal und Fausthandschuhe

(Abb. Farbtafel VIII, gegenüber Seite 113, Modell oben)

Material
Esslinger Wolle »cornelia« 200 g rot (Fb. 07) und 150 g natur (Fb. 13). Je 1 Paar PERL-INOX-Tric-Schnellstricknadeln 2,5 und 3 mm.

Technik
Glatt rechts = Hinreihen rechts, Rückreihen links stricken.

Einstrickmuster in Technik
Siehe Werkzeichnung.

Maschenprobe im Einstrickmuster
34 Maschen/34 Reihen = 10 cm².

Arbeitsgang

Mütze

121 M. in Rot mit Nadel 2,5 mm anschlagen, 13 cm in 1 M. re,
1 M. li. Weiter mit Nadel 3 mm 14 cm im Einstrickmuster und 5 cm
in Natur u. Technik. Alle M. mit dem Fadenende fest zus.ziehen
und vernähen. Naht schließen; dabei die unteren 7 cm von rechts
zus.nähen. Einen Pompon in Rot anfertigen und annähen.

Schal

97 M. mit Nadel 3 mm in Natur anschlagen und im Einstrickmuster
ca. 130 cm str., M. abketten.
Den Schal doppelt legen und die Naht schließen. Die doppelten
Kanten an den Schmalseiten mit je 1 Reihe feste M. in Natur
zus.häkeln.
Fransen in Rot aus je 4 Fäden von ca. 11 cm Fertiglänge einknüpfen
(siehe Abb.).

Werkzeichnung

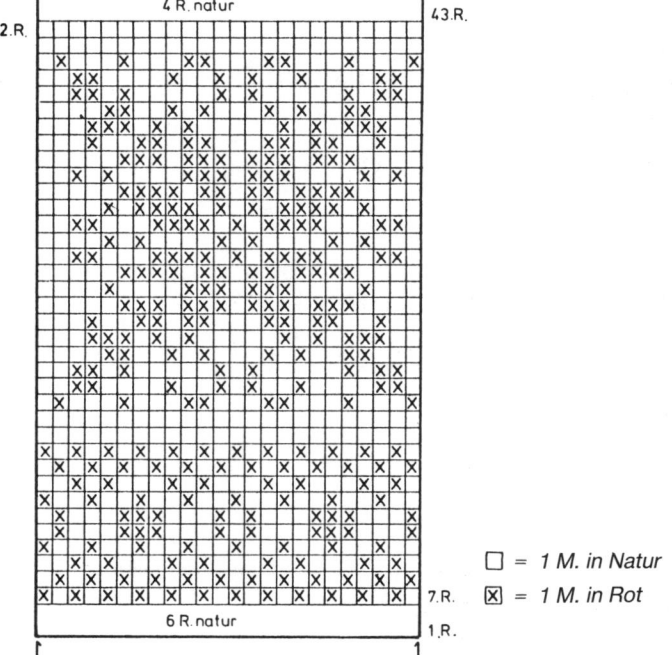

□ = 1 M. in Natur

☒ = 1 M. in Rot

Es sind Hin- und Rückreihen gezeichnet.
7.−42. Reihe fortlaufend wiederholen.

Rechter Handschuh

Für den Handrücken 26 M. in Rot mit Nadel 2,5 mm anschlagen, 6 cm in 1 M. re, 1 M. li stricken. Dann mit Nadel 3 mm im Einstrickmuster arbeiten (= mit der 7. Reihe beginnen). Dabei an der li Seite der Arbeit 6×1 M. jede 4. Reihe zunehmen und nach 7 cm an dieser Seite 1×6 M. stillegen. Mit den restlichen M. weiterstricken; dabei nach insgesamt 16 cm beidseits 6×1 und 1×2 M. abketten. Restliche 10 M. abketten. Die 6 stillgelegten M. für den **Daumen** wieder in Arbeit nehmen und in Rot und Technik 3,5 cm stricken; dabei in der letzten Reihe fortlaufend 2 M. zus.stricken. Restliche 3 M. stillegen. Handinnenfläche: In Rot gegengleich zum Handrücken arbeiten. Nähte schließen. Die stillgelegten M. des Daumens mit einem Faden fest zus.ziehen und vernähen.

Linken Handschuh gegengleich arbeiten.

Bewertung

Stricktechnik schwer, erfordert Vorkenntnisse; Arbeitsweise leicht.

❺ Mütze, Schal und Fausthandschuhe für Kinder

(Abb. Farbtafel VIII, gegenüber Seite 113, Modell unten rechts)

Material

Esslinger Wolle »trockenwolle 64« 150 g rot, 150 g gelb, 100 g grün u. 100 g dunkelblau. 1 Paar PERL-INOX-Tric-Schnellstricknadeln 3,5 mm, 30 cm lang, 1 Spiel PERL-INOX-Strumpfstricknadeln 3,5 mm, 21 cm lang, 1 Wollhäkelnadel 4 mm, 15 cm lang.

Technik

1 Masche links, 1 Masche rechts stricken.

Arbeitsgang

Mütze

108 M. in Gelb anschlagen und in der Technik – unbedingt mit 1 M. li beginnen – 10 cm stricken. 12 Runden in Grün, 8 Runden in Dunkelblau und 12 Runden in Rot.

In Gelb weiterstricken; dabei wie folgt abnehmen: In der 2. Runde fortlaufend die 4., 5. u. 6. M. zus.stricken. Nach weiteren 5 Runden fortlaufend die 6., 7. u. 8. M. zus.stricken. Nach weiteren 5 Runden wie 2. Runde abnehmen. 2 Runden stricken. Nun fortlaufend 3 M. zus.stricken, 1 M. li stricken. Mit dem Fadenende die restlichen M. fest zus.ziehen.

Schal

50 M. in Gelb anschlagen und in der Technik 12 cm stricken, 14 Reihen in Grün, 8 Reihen in D'blau, 24 Reihen in Rot, 8 Reihen in Gelb, 6 Reihen in Grün, 16 Reihen in D'blau, 12 Reihen in Rot, 10 Reihen in Gelb, 18 Reihen in Grün, 10 Reihen in D'blau und weitere 38 cm in Rot. Nun den Schal in entgegengesetzten Streifen beenden. Die Maschen im Maschenrhythmus abketten. Bunte Fäden in gewünschter Länge schneiden und Fransen einknüpfen.

Fausthandschuhe

52 M. in Gelb anschlagen und in der Technik 9 cm str.; 10 Runden in Grün. Nun für den Daumen 8 M. auf Hilfsnadel. Mit 44 M. und 4 M. neu anschlagen. 6 Runden in D'blau, 7 Runden in Rot stricken und in Gelb beenden; dabei nach 3. Runde fortlaufend die 4., 5. und 6. M. zus.stricken. Diese Abnahme noch 2mal nach je 3 Runden wiederholen. (Die Abnahmen sollten so erfolgen wie bei der Mütze.) Die restlichen M. mit dem Fadenende fest zus.ziehen.

Daumen: Die 8 M. von der Hilfsnadel nehmen und 4 M. dazu auffassen; anschließend in Gelb 12 Runden stricken. Nun fortlaufend 2 M. zus.stricken. Mit dem Fadenende die restlichen M. zus.ziehen. Zweiten Handschuh gegengleich stricken. In Gelb mit doppeltem Faden 1 Luftm.-Kette häkeln und beim Handschuh einziehen.

Bewertung

Stricktechnik und Arbeitsweise leicht.

Lappenmütze mit Fausthandschuhen für Kinder Ⓢ

(Abb. Farbtafel VIII, gegenüber Seite 113, Modell unten links)

Material

Esslinger Wolle »trockenwolle« oder »crocus« 50 g rot und Reste in Grün, Gelb, Dunkelblau, Rohweiß. 1 Spiel PERL-INOX-Strumpfstricknadeln 3 mm, 21 cm lang. 1 INOX-Wollhäkelnadel 3 mm, 15 cm lang.

Technik
Glatte Fläche: Jede Runde rechts stricken.

Maschenprobe
13 Maschen/17 Reihen = 5 cm^2.

Einstrickmuster
Siehe Werkzeichnung.

Arbeitsgang

Mütze
Für die Ohrenklappen in Rot 12 M. anschlagen u. 3 Reihen gl. li stricken. Weitere 8 Reihen in Grün gl. re und 4mal das Motiv einstricken. Weitere 7 Reihen in Rot; dabei ab Anschlag 10mal in jeder 2. Reihe und 1mal in der 3. Reihe hinter der 1. M. und vor der letzten M. 1 M. aus dem Querfaden herausstricken = 34 M. Die zweite Ohrenklappe stricken. Zwischen beiden Ohrenklappen je 32 M. dazu anschlagen = 132 M. u. in Rot 3 Runden li erscheinend str.
Die Motive von 1−6 nach Einstrickmuster stricken. Nun fortlaufend je 2 Runden in Rot, Gelb, D'blau, Grün, Rohweiß stricken; dabei wie folgt abnehmen: 6mal die 21. und 22. M. zus.stricken. An diesen 6 Stellen 11×2 M. in jeder 2. Reihe und 9×2 M. in jeder Reihe zus.stricken. Die restlichen M. mit dem Fadenende zus.ziehen. Den unteren Rand in Rot mit 2 Reihen festen M. u. in Gelb mit 1 Reihe wie folgt behäkeln: 1 Krebsm., ✱ 1 Luftm., 1 Krebsm. Von ✱ ab wiederholen.

Handschuhe
46 M. in Rot anschlagen und in 1 re, 1 li 6 Runden stricken, 2 Runden in Gelb, 6 Runden in Rot, 2 Runden in D'blau, 6 Runden in Rot, 2 Runden in Grün u. 6 Runden in Rot. Im Einstrickmuster Motiv 1−5 weiterstricken; dabei für den Daumenzwickel 2 M. markieren und beidseitig aus dem Querfaden in der 1. Runde u. 5×1 M. in jeder 3. Runde zunehmen. Nach dem 2. Motiv die 14 M. für den Daumen auf 1 Faden ziehen u. mit 44 M. weiterstricken. Nach dem 5. Motiv für die Spitze in Rot wie folgt abn.: In jeder R. die ersten 2 M. der 1. u. 3. Nadel und die letzten 2 M. der 2. und 4. Nadel zus.stricken, bis auf die letzten 8 M., die mit dem Fadenende zus.gezogen werden. **Daumen:** Die 14 M. aufnehmen u. in Gelb 5 cm stricken. Für die Spitze in 2 Runden fortlaufend 2 M. zus.stricken. Restliche M. mit dem Fadenende zus.ziehen. Zweiten Handschuh gegengleich stricken.

Werkzeichnung

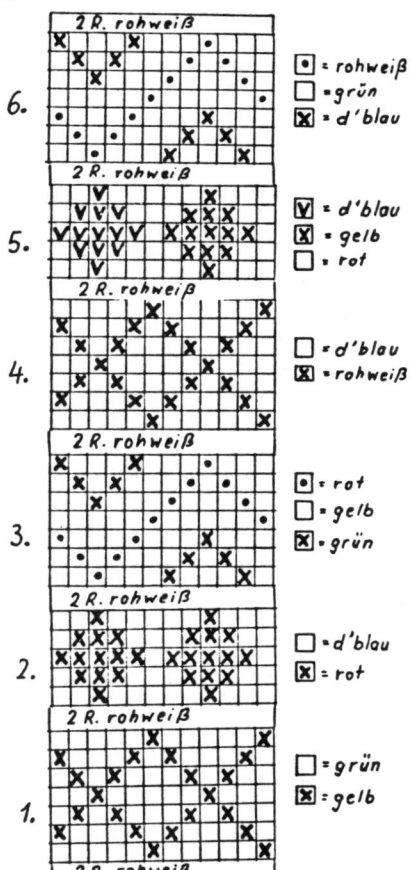

Motiv für Ohrenklappe

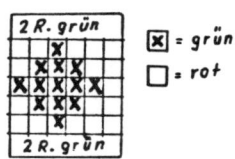

Bewertung

Stricktechnik schwer; Arbeitsweise leicht. Bei Stricktechnik Übung und Vorkenntnisse erforderlich.

131

⑤ Gestricktes Trachtenröckchen mit Trägern

(Abb. 45)

Größe 104—110 für 4—5 Jahre

Material
250 g Wolle, 1. Farbe, für Nadelstärke 3,5 mm; 40 g Wollrest, 2. Farbe. 1 Spiel Stricknadeln 3,5 mm, 1 Paar Schnellstricknadeln 4 mm, 1 Rundstricknadel 3,5 mm, 1 Häkelnadel 4 mm; Gurtband 52 cm lang, 3 cm breit; 3 Knöpfe.

Technik
Glatte Fläche: In den Runden rechts stricken, in den Reihen 1 Reihe rechts, 1 Reihe links stricken.

Maschenprobe
22 Maschen/30 Reihen ≙ 10 cm².

Arbeitsgang

Rock
Mit 1 Paar Schnellstricknadeln 120 Maschen anschlagen. Mit der Rundstricknadel die Maschen abstricken wie folgt: 19 M. re, 20. M. li; wieder 19 M. re, 20. M. li usw. (ergibt 6 M. li in der ganzen Reihe). Trotz Rundstricknadel noch 9 weitere Reihen (also nicht

Abb. 45: Gestricktes Trachtenröckchen mit Trägern

rund, sondern hin- und herstricken) arbeiten, wie die Maschen erscheinen: Rechte M. re stricken, linke M. li stricken; dabei in der 5. Reihe jeweils links und rechts neben den linken Maschen je 1 Masche re verschränkt aufnehmen (Maschenzahl nun 132 Maschen). Ab der 11. Reihe in der Runde stricken. Dabei in jeder 6. Runde links und rechts neben jeder linken Masche je 1 M. re verschränkt aufnehmen. Nach 30–35 cm (je nach Größe des Kindes) abketten.

Träger
Mit 4 Nadeln des Nadelspiels 12 Maschen anschlagen. In der Runde glatt rechts stricken; ca. 55 cm lang. Dann 2 M. stricken, über 2 M. Knopfloch arbeiten; 4 M. stricken, über 2 M. Knopfloch arbeiten; 2 M. stricken. (Es werden 2 Knopflöcher angelegt, weil der Träger doppelt gearbeitet wird und daher sowohl auf der Vorderseite als auch auf der Rückseite ein Knopfloch benötigt.) Noch 18 Runden stricken; dann Arbeit auf zwei Nadeln so teilen, daß die Knopflöcher übereinanderliegen, auf jede Nadel 6 Maschen. Erste Nadel in Reihen wie folgt fertigstricken: **1. Reihe:** 1 M. abketten, 5 M. re, **2. Reihe:** 1 M. abketten, 4 M. li, **3. Reihe:** 4 M. re abketten. 2. Nadel ebenso arbeiten.
Der 2. Träger wird ebenso angefertigt.

Bund
6 Maschen anschlagen, 50 cm lang glatte Fläche in Reihen stricken; dann wie folgt fertigstellen: **1. Reihe:** 1 M. abketten, 5 M. re, **2. Reihe:** 1 M. abketten, 4 M. li, **3. Reihe:** 4 M. re abketten.

Fertigstellung

Röckchen, Träger und Bund dämpfen. Die Träger dabei so übereinanderlegen, daß die Knopflöcher genau übereinanderliegen. Knopflöcher umstechen.
Den unteren Rockrand, den Bund und die Träger jeweils rundherum mit Pikots in Farbe 2 umhäkeln.

Pikot = ✱ 3 Luftm., 1 feste M. in die erste Luftm. zurück, 2 M. der Vorreihe überspringen, 1 feste M. Von ✱ ab fortlaufend wiederholen.

Den Bund auf das Gurtband nähen; eine Knopflochschlinge häkeln, am Ende des Bundes annähen; am anderen Ende des Bundes einen Knopf annähen. Den Bund an die Oberkante des Röckchens nähen. Der Verschluß kommt seitwärts zu liegen, genau über den durch die linken Maschen markierten Rockbahnen (siehe Abb. 45). Vorne die Knöpfe auf den Bund nähen, hinten gegengleich dazu; auf der Rückseite des Rockes innen im Bund die Träger annähen.

Bewertung

Technik und Musterfolge sehr leicht; auch für ungeübte Stricker zu bewältigen.

ⓗ Kinderdecke oder Spielteppich
(Abb. 46)

Größe 120 cm × 160 cm

Abb. 46: Kinderdecke oder Spielteppich

Material

400 g Wolle, 1. Farbe; 400 g Wolle, 2. Farbe; 300 g Wolle, 3. Farbe.
Die Lauflänge der Wolle beträgt etwa 130 m auf 50 g. Häkelnadel
Stärke 4.

Technik

Halbe Stäbchen, jede Reihe mit 2 Luftm. wenden. Größe eines
Motivs ca. 19 cm × 19 cm.

Arbeitsgang

Arbeiten eines Motivs

32 Luftmaschen locker anschlagen; in die 30. Luftm. 1 halbes
Stäbchen. Die Reihe mit halben Stäbchen häkeln, mit 2 Luftm.
wenden. In der nächsten Reihe gleich in die erste Masche stechen,
wieder lauter halbe Stäbchen, mit 2 Luftm. wenden usw.
24 (evtl. 25) Reihen ergeben ein Quadrat.
Anschließend die beiden Seiten des Quadrates mit je einer Reihe
fester Maschen umhäkeln, so daß der Rand gleichmäßig ausfällt. Auf
diese Weise 24 Motive in Farbe Nr. 1, 24 Motive in Farbe Nr. 2
herstellen.

Fertigstellung

Zusammensetzen der Motive

Jeweils 1 Motiv Farbe Nr. 1 mit 1 Motiv Farbe Nr. 2 so mit Hilfe von
Farbe Nr. 3 zusammenhäkeln, daß die Querrippen der Motive in
verschiedene Richtung zeigen (siehe Schemazeichnung). Beim
Zusammenhäkeln (siehe Seite 26) feste Maschen verwenden und
jeweils durch beide Maschenglieder an den Motiven stechen. Es
entsteht eine hochstehende Kante.

Schemazeichnung

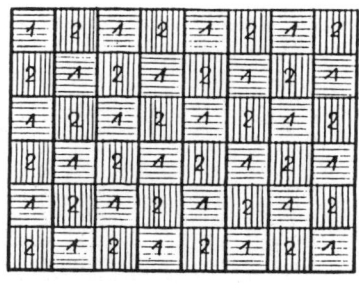

1 = Motiv Farbe Nr. 1, 2 = Motiv Farbe Nr. 2

Häkeln der Umrandung

1. Runde: Farbe Nr. 3; die ganze Decke mit festen M. umhäkeln; in jede Eckmasche 3 feste M. häkeln.

2. Runde: Farbe Nr. 1; feste M. häkeln; dabei jeweils nur in das hintere Maschenglied der Maschen der Vorreihe stechen. In jede Eckmasche 3 feste M. häkeln.

3. Runde: Farbe Nr. 1; wie 1. Runde häkeln.

4. Runde: Farbe Nr. 2; wie 1. Runde häkeln.

5. Runde: Farbe Nr. 1; wie 1. Runde häkeln.

6. Runde: Farbe Nr. 1; wie 1. Runde häkeln.

7. + 8. Runde in Farbe Nr. 3 wie 1. Runde häkeln.

Bewertung

Hinsichtlich Technik, Arbeitsweise und Musterfolge sehr leicht; gut für Anfänger geeignet.

⑤ Pulli in verschiedenen Techniken
(Abb. 47)

Körpergröße 146–152 (158–164) für 11–14 Jahre
Die Angaben für **Körpergröße 158–164** stehen **in der Klammer**; steht nur eine Zahl, so gilt diese für beide Größen!

Material
Esslinger Wolle »forte nova« 450 (500) g natur (Fb. 13). 1 Paar PERL-INOX-Tric-Schnellstricknadeln 4 mm und 1 PERL-INOX-Rundstricknadel 3,5 mm, 40 cm lang.

Technik I
Reiskornmuster: 1 M. rechts, 1 M. links im Wechsel, die in jeder 2. Reihe versetzt gestrickt werden.

Technik II
Siehe Strickschrift I.

Technik III
1. Reihe: 1 Randm., ✻ von den folg. 2 M. zuerst von hinten in die 2. M. einstechen, diese M. rechts stricken, dann die 1. M. rechts stricken und beide M. von der linken Nadel gleiten lassen ✻. Von ✻–✻ wiederholen. **2. Reihe:** links. **3. Reihe:** ✻ von den folg. 2 M. zuerst von hinten in die 2. M. einstechen, diese M. rechts stricken, dann die 1. M. rechts stricken und beide M. von der linken Nadel

gleiten lassen ✱. Von ✱−✱ wiederholen; 1 Randm. **4. Reihe:** links.
1.−4. Reihe fortlaufend stricken!

Technik IV
Falsches Patent = **1. Reihe:** 1 Randm., ✱ 3 M. rechts, 1 M. links ✱.
Von ✱−✱ wiederholen, 1 Randm. **2. Reihe:** 1 Randm., ✱ 2 M.
rechts, 1 M. links, 1 M. rechts ✱. Von ✱−✱ wiederholen, 1 Randm.
1. und 2. Reihe fortlaufend stricken.!

Technik V
Rippen = Hin- und Rückreihen rechts stricken. 1 Rippe = 2 Reihen.

Abb. 47: Pulli in verschiedenen Techniken

Technik VI
1 Randm., 2 M. rechts, 2 M. links im Wechsel, 1 Randm.

Technik VII
Siehe Strickschrift II.

Technik VIII
1. Reihe: ✳ 1 M. rechts, folg. M. mit 1 Umschlag li abheben ✳. Von
✳−✳ wiederholen, 1 Randm. **2. Reihe:** 1 Randm., ✳ abgehobene
M. mit dem Umschlag der Vorreihe rechts zus.stricken, 1 M. links
✳. Von ✳−✳ wiederholen. **3. Reihe:** rechts. **4. Reihe:** links.
1.−4. Reihe fortlaufend stricken.

Musterfolge − Rücken- bzw. Vorderteil
18 Reihen in Technik I, 20 Reihen in Technik II, 2 Reihen links,
13 Reihen in Technik III, 1 Reihe rechts, 20 Reihen in Technik IV,
26 Reihen in Technik V, 16 Reihen in Technik VI, 22 Reihen in
Technik VII, 2 Reihen links; in Technik VIII enden.

Musterfolge − Ärmel
wie Rücken, aber erst mit der 7. Reihe der Technik II beginnen.

Maschenprobe − Technik V
22 Maschen/36 Reihen = 10 cm².

Arbeitsgang

Siehe Schnitt auf Seite 140.
Vorderer Halsschlitz einschließlich Blende: In 35 cm Gesamthöhe
wird die Arbeit geteilt: 55.−99. M. auf 1 Hilfsfaden stillegen. Mit
den restl. M. wird wie folgt weitergearbeitet: 1.−45. M. in Musterfolge weiterstricken und über die 46.−54. M. (= Knopflochblende)
1 M. rechts, 1 M. links stricken, dabei **3 Knopflöcher** im Abstand
von je 12 Reihen über jeweils 3 M. (4 M. ab Rand) einarbeiten.
1. Knopfloch 8 Reihen ab Schlitzbeginn. Dieses linke Teil nach
Schnitt beenden. Nun die 55.−99. M. wieder in Arbeit nehmen und
für den Blendenuntertritt 9 M. dazu anschlagen. Über diese 9 M. in 1
M. rechts, 1 M. links und über die 55.−99. M. in Musterfolge
weiterarbeiten. Dieses rechte Teil ebenfalls nach Schnitt beenden.

Fertigstellung

Schulternähte schließen. Die offenen M. der Ärmel im Steppstich
aufnähen. Seiten- und Ärmelnähte schließen. Zu den stillgelegten
Blendenmaschen aus dem Halsausschnitt mit Nadel 3,5 mm noch
78 M. dazuaufnehmen und wie folgt arbeiten: die Blendenmaschen
(= beidseitig je 9 M.) weiter in 1 M. re, 1 M. li und die aufgenommenen M. in 2 M. re, 2 M. li stricken; dabei nach 12 Reihen das
4. Knopfloch einarbeiten. Nach 6 cm beidseitig die 9 Blendenma-

schen im Maschenrhythmus abketten und über die restl. M. weitere
6 cm stricken. Maschen im Maschenrhythmus abketten. Blende zur
Hälfte nach innen schlagen und anheften. Knöpfe annähen.

Strickschrift I

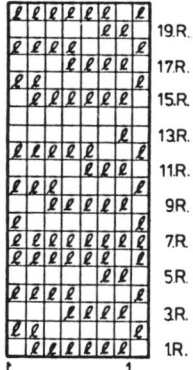

Strickschrift II

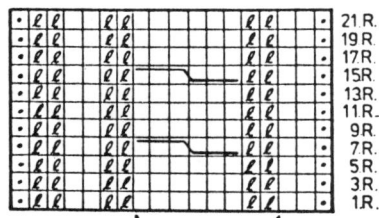

$\boxed{\cdot}$ = 1 Randm. $\square$ = 1 M. rechts $\boxed{\diagdown}$ = 1 M. links

$\boxed{\text{⊞⊞⊞}}$ = 3 M. auf 1 Hilfsnadel vor die Arbeit legen, 3 M. rechts, die
M. der Hilfsnadel rechts stricken

Bewertung

Stricktechnik mittelschwer. Das Modell setzt Praxis im Stricken
voraus.

Schnitt

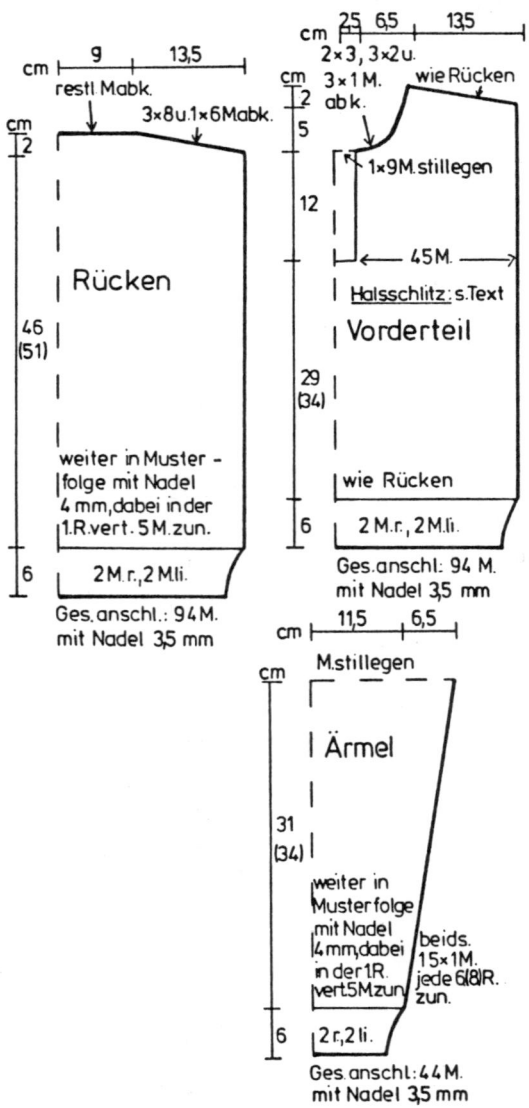

Rücken

cm | 9 | 13,5
restl. Mabk.
3×8 u. 1×6 Mabk.

cm 2

46 (51)

weiter in Muster-folge mit Nadel 4 mm, dabei in der 1. R. vert. 5 M. zun.

6 | 2 M. r., 2 M. li.

Ges. anschl.: 94 M. mit Nadel 3,5 mm

Vorderteil

cm | 2,5 | 6,5 | 13,5
2×3, 3×2 u.
3×1 M. ab k.
wie Rücken

cm 2

5

1×9 M. stillegen

12

←— 45 M. —→

Halsschlitz: s. Text

29 (34)

wie Rücken

6 | 2 M. r., 2 M. li.

Ges. anschl.: 94 M. mit Nadel 3,5 mm

Ärmel

cm | 11,5 | 6,5
M. stillegen

cm

31 (34)

weiter in Muster folge mit Nadel 4 mm, dabei in der 1. R. vert. 5 M. zun.

beids. 15×1 M. jede 6(8) R. zun.

6 | 2 r., 2 li.

Ges. anschl.: 44 M. mit Nadel 3,5 mm

Sachregister

Register der Modellbeschreibungen